ALZIRE,

OU LES

AMÉRICAINS,

TRAGÉDIE

DE

M. DE VOLTAIRE,

Repreſentée pour la premiere fois le 27.
Janvier 1736.

Errer eſt d'un mortel, pardonner eſt divin.

DUREN. trad. de POPE.

L'ESPERANCE ME GUIDE

A AMSTERDAM,
Chez ETIENNE LEDET, & COMPAGNIE.
M DCC XXXVI.
Avec Privilège.

A MADAME

LA MARQUISE

DU CHASTELET.

MADAME,

Quel foible hommage pour Vous,
qu'un de ces Ouvrages de Poësie, qui

* 2

n'ont

n'ont qu'un tems, qui doivent leur mérite à la faveur paſſagere du Public,
& à l'illuſion du Théâtre, pour tomber enſuite dans la foule & dans l'ob-
ſcurité!

Qu'eſt-ce en effet qu'un Roman mis
en action & en vers, devant celle qui
lit les Ouvrages de Géométrie avec la
même facilité que les autres liſent les
Romans; devant celle qui n'a trouvé
dans Locke, ce Sage Précepteur du
Genre Humain, que ſes propres ſentimens & l'hiſtoire de ſes penſées; enfin aux yeux d'une perſonne, qui, née
pour les agrémens, leur préfére la Vérité?

Mais, MADAME, le plus
grand génie, & ſûrement le plus de-
ſirable, eſt celui qui ne donne l'exclu-
ſion à aucun des Beaux-Arts. Ils
ſont tous la nourriture & le plaiſir de
l'ame; y en a-t-il dont on doive ſe
pri-

priver ? Heureux l'esprit que la Philosophie ne peut dessecher, & que les charmes des Belles-Lettres ne peuvent amollir ; qui sait se fortifier avec Locke, s'éclairer avec Clarke & Newton, s'élever dans la lecture de Cicéron & de Bossuet, s'embellir par les charmes de Virgile & du Tasse !

Tel est votre génie, MADAME ; il faut que je ne craigne point de le dire, quoique vous craigniez de l'entendre. Il faut que votre exemple encourage les personnes de votre Sexe & de votre Rang, à croire qu'on s'annoblit encore en perfectionnant sa raison, & que l'esprit donne des graces.

Il a été un tems en France, & même dans toute l'Europe, où les hommes pensoient déroger, & les femmes sortir de leur état, en osant s'instruire. Les uns ne se croyoient nés que

pour

*pour la guerre, ou pour l'oisiveté ; &
les autres, que pour la coquetterie.*

*Le ridicule même que Moliere &
Despreaux ont jetté sur les Femmes
savantes, a semblé, dans un Siècle
poli, justifier les préjugés de la Barbarie.*

*Mais Moliere, ce Législateur dans
la Morale & dans les Bienséances du
monde, n'a pas assûrément prétendu,
en attaquant les Femmes savantes, se
moquer de la Science & de l'Esprit. Il
n'en a joué que l'abus & l'affectation ;
ainsi que, dans son Tartuffe, il a diffa-
mé l'Hypocrisie, & non pas la Vertu.*

*Si, au lieu de faire une Satire con-
tre les Femmes, l'exact, le solide, le
laborieux, l'élégant Despreaux avoit
consulté les Femmes de la Cour les plus
spirituelles, il eût ajouté à l'art &
au mérite de ses Ouvrages, si bien
travaillés, des graces & des fleurs qui*

leur

leur eussent encore donné un nouveau charme. En vain, dans sa Satire des Femmes, il a voulu couvrir de ridicule une Dame qui avoit appris l'Astronomie ; il eût mieux fait de l'apprendre lui-même.

L'Esprit philosophique fait tant de progrès en France depuis quarante ans, que si Boileau vivoit encore, lui qui osoit se moquer d'une Femme de condition, parce qu'elle voyoit en secret Roberval & Sauveur, seroit obligé de respecter & d'imiter celles qui profitent publiquement des lumieres des Maupertuis, des Réaumur, des Mairan, des Dufay, & des Cleraut ; de tous ces véritables Savans, qui n'ont pour objet qu'une Science utile, & qui en la rendant agréable, la rendent insensiblement nécessaire à notre Nation. Nous sommes au tems, j'ose le dire, où il faut qu'un Poëte soit Philosophe, & où une Femme peut l'être hardiment.

Dans le commencement du dernier Siècle, les François apprirent à arranger des mots. Le Siècle des choses est arrivé. Telle qui lisoit autrefois Montagne, l'Astrée, & les Contes de la Reine de Navarre, étoit une Savante. Les Deshoullieres & les Daciers, illustres dans differens genres, sont venues depuis. Mais votre Sexe a encore tiré plus de gloire de celles qui ont mérité qu'on fît pour elles le Livre charmant des Mondes, & les Dialogues sur la lumiere qui vont paroître, Ouvrage peut-être comparable aux Mondes.

Il est vrai qu'une Femme qui abandonneroit les devoirs de son état pour cultiver les Sciences, seroit condamnable, même dans ses succès. Mais, MADAME, le même esprit qui

mene

mene à la connoiſſance de la Vérité, eſt celui qui porte à remplir ſes devoirs.

La Reine d'Angleterre, qui a ſervi de Médiatrice entre les deux plus grands Métaphyſiciens de l'Europe, Clarke & Leibnits, & qui pouvoit les juger, n'a pas négligé pour cela un moment les ſoins de Reine, de Femme & de Mere.

Chriſtine, qui abandonna le Trône pour les Beaux-Arts, fut une grande Reine, tant qu'elle régna. La petite fille du grand Condé, dans laquelle on voit revivre l'eſprit de ſon Ayeul, n'a t-elle pas ajouté une nouvelle conſidération au ſang dont elle eſt ſortie ?

Vous, MADAME, dont on peut citer le nom à côté de celui de tous les Princes, vous faites aux Lettres le même honneur. Vous en cultivez tous les genres. Elles ſont votre occupation

dans

dans l'âge des plaisirs. Vous faites plus; vous cachez ce mérite étranger au monde, avec autant de soin que vous l'avez acquis. Continuez, MA-DAME, à chérir, à oser cultiver les Sciences, quoique cette lumiere, long-tems renfermée dans vous-même, ait éclaté malgré vous. Ceux qui ont répandu en secret des bienfaits doivent-ils renoncer à cette vertu, quand elle est devenue publique?

Eh! pourquoi rougir de son mérite? L'esprit orné n'est qu'une beauté de plus. C'est un nouvel Empire. On souhaite aux Arts la protection des Souverains: celle de la Beauté n'est-elle pas au-dessus?

Permettez-moi de dire encore qu'u-ne des raisons qui doivent faire esti-mer les femmes qui font usage de leur esprit, c'est que le goût seul les dé-termine. Elles ne cherchent en cela

qu'un

qu'un nouveau plaisir, & c'est en quoi elles sont bien louables.

Pour nous autres hommes, c'est souvent par vanité, quelquefois par intérêt, que nous consumons notre vie dans la culture des Arts. Nous en faisons les instrumens de notre fortune; c'est une espèce de profanation. Je suis fâché qu'Horace dise de lui:

(*) L'Indigence est le Dieu qui m'inspira des Vers.

La rouille de l'Envie, l'artifice des Intrigues, le poison de la Calomnie, l'assassinat de la Satire (si j'ose m'exprimer ainsi) deshonorent parmi les hommes une profession qui par elle-même a quelque chose de divin.

Pour moi, MADAME, qu'un penchant invincible a déterminé aux Arts dès mon enfance, je me suis dit de bonne heure

(*) Paupertas impulit audax ut Versus facerem.

heure ces paroles, que je vous ai fouvent répétées, de Cicéron, ce Conful
Romain qui fut le pere de la Patrie, de
la Liberté & de l'Eloquence. (*) „Les
„ Lettres forment la Jeunesse, &
„ font le charmes de l'âge avancé.
„ La prospérité en est plus brillante.
„ L'adversité en reçoit des consola-
„ tions; & dans nos maisons, dans
„ celles des autres, dans les voyages,
„ dans la solitude, en tous tems, en
„ tous lieux, elles font la douceur de
„ notre vie.

Je les ai toujours aimées pour elles-
mêmes; mais à présent, MADA-
ME, je les cultive pour vous, pour
mériter, s'il est possible, de passer auprès de vous le reste de ma vie, dans
le

(*) Studia Adolescentiam alunt, Senectutem oblec-
tant, secundas res ornant, adversis perfugium ac fo-
latium præbent; delectant domi, non impediunt fo-
ris, pernoctant nobiscum, peregrinantur, ruftican-
tur.

le sein de la retraite, de la paix, peut-
être de la Vérité, à qui vous sacrifiez
dans votre jeunesse les plaisirs faux,
mais enchanteurs du monde; enfin pour
être à portée de dire un jour avec Lu-
crece, ce Poëte Philosophe dont les
beautés & les erreurs vous sont si con-
nuës:

(*) Heureux! qui retiré dans le Temple des
    Sages,

Voit en paix sous ses pieds se former les
    orages;

Qui temple de loin les mortels insensés,

De leur joug volontaire esclaves empressés,

Inquiets, incertains du chemin qu'il faut
    suivre;

                        Sans

(*) Sed nil dulcius est, bene quam munita tenere
Edita doctrina sapientum templa serena,
Despicere unde queas alios, passimque videre
Errare, atque viam palanteis quærere vitæ
Certare ingenio, contendere nobilitate,
Noctes atque dies niti præstante labore
Ad summas emergere opes, rerumque potiri.
O miseras hominum mentes! O pectora cæca!

E P I T R E.

Sans penſer , ſans jouïr , ignorent l'art de
   vivre;

Dans l'agitation conſumant leurs beaux jours;

Pourſuivant la fortune & rampant dans les
   Cours.

O vanité de l'homme! O foibleſſe! O miſere!

Je n'ajouterai rien à cette longue E-
pître, touchant la Tragédie que j'ai
l'honneur de vous dédier. Comment en
parler, M A D A M E, après avoir par-
lé de vous? Tout ce que je puis dire, c'eſt
que je l'ai compoſée dans votre maiſon
& ſous vos yeux. J'ai voulu la rendre
moins indigne de vous, en y mettant de la
nouveauté, de la vérité & de la vertu.
J'ai eſſayé de peindre ce ſentiment gé-
néreux, cette humanité, cette grandeur
d'ame qui fait le bien & qui pardonne le
mal, ces ſentimens tant recommandés
par les Sages de l'Antiquité, & épurés
dans notre Religion, ces vraies Loix de
la Nature, toujours ſi mal ſuivies. Vous
                avez

avez ôté bien des défauts à cet Ouvrage, vous connoiſſez ceux qui le défigurent encore. Puiſſe le Public, d'autant plus ſévère qu'il a d'abord été plus indulgent, me pardonner, comme vous, mes fautes !

Puiſſe au moins cet hommage, que je vous rends, MADAME, périr moins vîte que mes autres Écrits ! Il ſeroit immortel, s'il étoit digne de celle à qui je l'adreſſe.

Je ſuis avec un profond reſpect,

MADAME,

Votre très-humble & très-obéïſſant Serviteur,

DE VOLTAIRE.

DIS-

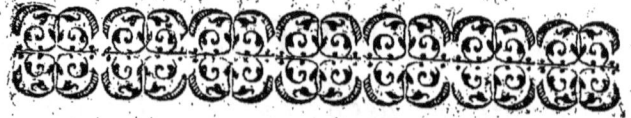

DISCOURS

PRÉLIMINAIRE

ON a tâché dans cette Tragédie, toute d'invention & d'une espèce assez neuve, de faire voir combien le véritable esprit de Religion l'emporte sur les vertus de la Nature.

La Religion d'un barbare consiste à offrir à ses Dieux le sang de ses ennemis. Un Chrétien mal instruit n'est souvent guère plus juste. Etre fidèle à quelques pratiques inutiles & infidèle aux vrais devoirs de l'homme, faire certaines priéres & garder ses vices; jeûner, mais haïr, cabaler, persécuter, voilà sa Religion. Celle du Chrétien véritable est de regarder tous

les

les hommes comme ses freres, de leur faire du bien, & de leur pardonner le mal.

Tel est Gusman au moment de sa mort, tel est Alvarès dans le cours de sa vie; tel j'ai peint Henri IV. même au milieu de ses foiblesses.

On retrouvera dans presque tous mes Ecrits cette humanité qui doit être le premier caractère d'un Etre pensant, on y verra (si j'ose m'exprimer ainsi) le desir du bonheur des hommes, l'horreur de l'injustice & de l'oppression; & c'est cela seul qui a jusqu'ici tiré mes Ouvrages de l'obscurité où leurs défauts devoient les ensévelir.

Voilà pourquoi la Henriade s'est soutenue malgré les efforts de quelques François jaloux qui ne veulent pas absolument que la France ait un Poëme Epique. Il y a toujours un petit nombre de Lecteurs, qui ne laissent

* *

point

point empoifonner leur jugement du venin des cabales & des intrigues, qui n'aiment que le vrai, qui cherchent toujours l'homme dans l'Auteur. Voilà ceux devant qui j'ai trouvé grace. C'eft à ce petit nombre d'hommes que j'adreffe les réflexions fuivantes; j'efpere qu'ils les pardonneront à la néceffité où je fuis de les faire.

Un Etranger s'étonnoit un jour à Paris d'une foule de Libelles de toute efpèce, & d'un déchaînement cruel, par lequel un homme étoit opprimé. Il faut apparemment, dit-il, que cet homme foit d'une grande ambition, & qu'il cherche à s'élever à quelqu'un de ces poftes qui irritent la cupidité humaine & l'envie. Non, lui répondit-on; c'eft un Citoyen obfcur, retiré, qui vit plus avec Virgile & Locke, qu'avec fes Compatriotes & dont la figure n'eft pas plus connue

de

de quelques-uns de ſes ennemis , que du Graveur qui a prétendu graver ſon Portrait. C'eſt l'Auteur de quelques Pièces qui vous ont fait verſer des larmes , & de quelques Ouvrages dans leſquels , malgré leurs défauts , vous aimez cet eſprit d'humanité, de juſtice , de liberté qui y regne. Ceux qui le calomnient , ce ſont des hommes pour la plûpart plus obſcurs que lui , qui prétendent lui diſputer un peu de fumée , & qui le perſécuteront juſqu'à ſa mort, uniquement à cauſe du plaiſir qu'il vous a donné.

Cet Étranger ſe ſentit quelque indignation pour les Perſécuteurs , & quelque bienveillance pour le Perſécuté.

Il eſt dur, il faut l'avouer, de ne point obtenir de ſes Contemporains & de ſes Compatriotes , ce que l'on peut eſperer des Etrangers & de la

** 2   Poſ-

Poſtérité. Il eſt bien cruel, bien honteux pour l'Eſprit humain, que la Littérature ſoit infectée de ces haines perſonnelles, de ces cabales, de ces intrigues qui devroient être le partage des eſclaves de la fortune. Que gagnent les Auteurs en ſe déchirant mutuellement? Ils aviliſſent une profeſſion qu'il ne tient qu'à eux de rendre reſpectable. Faut-il que l'Art de penſer, le plus beau partage des hommes, devienne une ſource de ridicule ; & que les gens d'eſprit rendus ſouvent par leurs querelles le jouet des Sots, ſoient les Bouffons d'un Public dont ils devroient être les Maîtres.

Virgile, Varius, Pollion, Horace, Tibulle, étoient amis; les monumens de leur amitié ſubſiſtent, & apprendront à jamais aux hommes que les eſprits ſupérieurs doivent être unis.

Si

Si nous n'atteignons pas à l'excellence de leur génie, ne pouvons-nous pas au moins avoir leurs vertus ? Ces hommes fur qui l'Univers avoit les yeux, qui avoient à fe difputer l'admiration de l'Afie, de l'Afrique, de l'Europe, s'aimoient pourtant & vivoient en freres : & nous, qui fommes renfermés fur un fi petit théâtre, nous, dont les noms à peine connus dans un coin du Monde, pafferont bientôt comme nos modes, nous nous acharnons les uns contre les autres pour un éclair de réputation, qui hors de notre petit Horifon, ne frappe les yeux de perfonne. Nous fommes dans un tems de difette, nous avons peu, nous nous l'arrachons. Virgile & Horace ne fe difputoient rien parce qu'ils étoient dans l'abondance.

On a imprimé un Livre, *de morbis Artificum : de la maladie des Artifles.*

** 3

tiftes. La plus incurable eft cette jaloufie & cette baffeffe. Mais ce qu'il
y a de deshonorant, c'eft que l'inte-
rêt a fouvent plus de part encore que
l'envie à toutes ces petites Brochures
fatiriques, dont nous fommes inondés. On demandoit il n'y a pas long-
tems à un homme qui avoit fait je ne
fai qu'elle mauvaife Brochure, contre
fon ami & fon bienfaicteur, pourquoi il s'étoit emporté à cet excès
d'ingratitude. Il répondit froidement:
Il faut que je vive.

De quelque fource que partent ces
outrages, il eft fûr qu'un homme qui
n'eft attaqué que dans fes Ecrits ne
doit jamais répondre aux Critiques ;
car fi elles font bonnes, il n'a autre
chofe à faire qu'à fe corriger ; & fi elles font mauvaifes, elles meurent en
naiffant. Souvenons-nous de la Fa-
ble du Bocalini. ,, Un Voyageur,
,, dit-il,

„ étoit importuné dans fon chemin
„ du bruit des Cigales, il s'arrêta
„ pour les tuer ; il n'en vint pas à
„ bout, & ne fit que s'écarter de fa
„ route. Il n'avoit qu'à continuer
„ paifiblement fon voyage ; les Ci-
„ gales feroient mortes d'elles mêmes
„ au bout de huit jours ".

Il faut toujours que l'Auteur s'ou-
blie ; mais l'homme ne doit jamais
s'oublier, *fe ipfum deferere turpiffi-*
mum eft. On fait que ceux qui n'ont
pas affez d'efprit pour attaquer nos
Ouvrages, calomnient nos perfonnes : quelque honteux qu'il foit de
leur répondre, il le feroit quelquefois d'avantage de ne leur répondre
pas.

On m'a traité dans vingt Libelles,
d'homme fans Religion ; & une des
belles preuves qu'on en a apportée, c'eft
que dans Oedipe, Jocafte dit ces vers:

** 4   Les

Les Prêtres ne font point ce qu'un vain Peuple penfe ,
Notre crédulité fait toute leur fcience.

Ceux qui m'ont fait ce reproche, font auffi raifonnables pour le moins que ceux qui ont imprimé que la Henriade dans plufieurs endroits *fentoit bien fon Semipélagien*.

On renouvelle fouvent cette accufation cruelle d'Irreligion , parce que c'eft le dernier refuge des Calomniateurs. Comment leur répondre? comment s'en confoler , finon en fe fouvenant de la foule de ces grands hommes, qui depuis Socrate jufqu'à Defcartes ont effuyé ces calomnies atroces? Je ne ferai ici qu'une feule queftion : Je demande qui a le plus de religion, ou le Calomniateur qui perfécute, ou le Calomnié qui pardonne.

Ces mêmes Libelles me traitent
d'hom-

d'homme envieux de la réputation d'autrui ; je ne connois l'envie que par le mal qu'elle m'a voulu faire. J'ai défendu à mon efprit d'être fatirique, & il eft impoffible à mon cœur d'être envieux.

J'en appelle à l'Auteur de Radamifte & d'Electre , dont les Ouvrages m'ont infpiré les premiers le defir d'entrer quelque tems dans la même carriére ; fes fuccès ne m'ont jamais coûté d'autres larmes que celles que l'attendriffemeut m'arrachoit aux repréfentations de fes Pièces ; il fait qu'il n'a fait naître en moi que de l'émulation & de l'amitié. (*)

L'Au-

(*) L'Auteur n'a jamais répondu aux invectives de perfonne qu'à celles du Poëte Rouffau , homme ennemi de tout mérite , Calomniateur de profeffion, reconnu & condamné pour tel, livré par la Juftice à la haine de tous les honnêtes gens, comme le cadavre d'un Criminel qu'il eft permis de diffequer pour l'utilité publique.

L'Auteur ingénieux & digne de beaucoup de confidération qui vient de travailler fur un Sujet à peu près femblable à ma Tragédie, & qui s'eft exercé à peindre ce contrafte des mœurs de l'Europe & de celles du Nouveau Monde, matiere fi favorable à la Poëfie, enrichira peut-être le Théâtre de fa Pièce nouvelle. Il verra fi je ferai le dernier à lui applaudir, & fi un indigne amour propre ferme mes yeux aux beautés d'un Ouvrage.

J'ofe dire avec confiance que je fuis plus attaché aux Beaux-Arts qu'à mes Ecrits : fenfible à l'excès dès mon enfance pour tout ce qui porte le caractère de génie, je regarde un grand Poëte, un bon Muficien, un bon Peintre, un Sculpteur habile (s'il a de la probité) comme un homme que je dois chérir, comme un frere que

les

les Arts m'ont donné ; les jeunes
gens qui voudront s'appliquer aux Lettres, trouveront en moi un ami, plu-
sieurs y ont trouvé un pere. Voilà
mes sentimens ; quiconque a vêcu a-
vec moi sait bien que je n'en ai point
d'autres.

Je me suis cru obligé de parler ainsi au Public sur moi-même une fois
en ma vie. A l'égard de ma Tragédie, je n'en dirai rien. Réfuter des
Critiques est un vain amour propre ;
confondre la Calomnie est un devoir.

PRL

PRIVILEGIE.

DE STATEN VAN HOLLAND EN WESTVRIESLAND, döen te weten, alzo ons te kennen is gegeven by Eſtienne Ledet en Compagnie, en Jaques Desbordes, Burgers en Boekverkopers te Amſterdam, dat zy Supplianten werkelyk bezig waren te herdrukken een Boek genaamt, *Les Oeuvres de Voltaire*, in Octavo, beſtaande in de volgende Stukken, te weten, *La Henriade*, *Eſſay ſur le Poëme Epique*, *Piéces Fugitives*, *Oedipe Tragédie*, *Herode & Marianne Tragédie*, *Brutus Tragédie*, *Zaïre Tragédie*, *La Mort de Jules Ceſar Tragédie*, *l'Indiſcret Comédie*, *Epître ſur la Calomnie*, *Lettres ſur les Anglois*, *Temple du Goût*, en eenige Stukken die nog ſtonden te volgen, dienende tot een vervolg van de voorſz. *Oeuvres de Voltaire*; en dewyl de Supplⁿ. bedugt waren dat eenige baatzoekende en de Supplⁿ. benydende Menſchen mogelyk zouden willen ondernemen de voorgemelde *Oeuvres de Voltaire*, en vervolg na te drukken tot merkelyk nadeel en grote ſchade van de Supplⁿ., zo keerden zy Supplⁿ. zig in alle ootmoedigheid tot Ons, gantſch eerbiediglyk verzoekende, dat het Ons goede geliefte mogte zyn de Supplⁿ. gracieuſelyk te begunſtigen met ſpeciaal Octroy, by 't welke zy Supplⁿ. hare Erven of Actie verkrygende, allen en met Secluſie van allen anderen wierden vergunt om het bovengem. Boek en Vervolg gedurende den tydt van vyftien eerſtkomende Jaren in deze Provintie te mogen drukken, doen drukken en verkopen, met verbod dat niemant, wie het zy het voorſz. Boek en Vervolg, in wat Formaat zulks mogte wezen, in 't geheel of ten deele zoude mogen nadrukken, of elders buiten deze Provintie gedrukt alhier te Lande te brengen,

PRIVILEGIE.

gen, verruilen of verhandelen of verkopen op
zekere grote Pœne by de Contraventeurs te verbeuren, en daar van aan de Suppln. te verlenen
Brieven van Octroy; zo is 't dat Wy de zaak en
het verzoek voorfz. overgemerkt hebbende, en
genegen wezende ter bede van de Suppln. ge-
confenteert, geaccordeert en geoctroyeert hebben, confenteren, accorderen en octroyeren hen
by deze, dat zy gedurende den tydt van vyftien eerft agter een volgende Jaren het voorfz.
Boek en Vervolg in diervoegen als zulks by de
Suppln. is verzogt en hier voren uitgedrukt ftaat,
binnen den voorfz. onzen Landen alleen zullen
mogen drukken, doen drukken, uitgeven en verkopen, verbiedende daaromme allen en eenen
iegelyken het zelve Boek en Vervolg in geheel
of ten deele te drukken, na te drukken, te doen
nadrukken, te verhandelen of te verkopen, of
elders nagedrukt binnen denzelven onzen Lande
te brengen, uit te geven of te verhandelen en
verkopen, op verbeurte van alle de gedrukte, in-
gebrachte, verhandelde of verkogte Exemplaren,
en een Boete van drie duizent Guldens daaren-
boven te verbeuren, te appliceren een derde part
voor den Officier die de Calange doen zal, een
derdepart voor den Armen ter plaatze daar het ca-
fus voorvallen zal, en het refteerende derdepart
voor de Supplianten, en dit t'elkens zo menig-
maal als dezelve zullen worden agterhaalt; alles
in dien verftaande dat Wy de Suppln. met dezen
Onzen Octroye alleen willende gratificeeren tot
verhoedinge van hare fchade door het nadrukken van het voorfz. Boek daar door in geeni-
gen deelen verftaan den Inhoude van dien te au-
thoriferen of te advoueren, en veel min het zelve
onder Onze protectie en befcherming eenig meer-
der credit, aanzien of reputatie te geven, maar de
Suppln. in cas daar in iets onbehoorlyks zoude in-

fluueren

PRIVILEGIE.

flueeren al het zelve tot haren lafte zullen gehoude
wezen te verantwoorden tot dien einde wel ex-
preffolyk begerende dat by aldien zy dezen onzen
Octroye voor het zelve Boek zullen willen ftellen,
daar van geene geabrevieerde of gecontraheerde
mentie zullen mogen maken, nemaar gehouden wezen het zelve Octroy in geheel zonder eenige Omif-
fie daar voor te drucken, of te doen drucken, en
dat zy gehouden zullen zyn een Exemplaar van
het voorfz. Boek en vervolg op groot Pampier ge-
bonden en wel geconditioneert te brengen in de
Bibliotheek van onze Univerfiteit tot Leyden binnen den tyt van zes weken, na dat zy Suppln. het
zelve Boek zullen hebben beginnen uit te geven,
op een boete van zes hondert gulden na Expiratie
der voorfz. zes weken by de Suppln. te verbeuren
ten behoeve van de Nederduytze Armen van de
Plaats alwaar de Suppln. wonen, en voorts op Pœne van met 'er daat verfteken te zyn van het effect
van dezen Octroye. Dat ook de Suppln. fchoon
by het ingaan van dit Octroy een Exemplaar gele-
vert hebbende aan de voorfz. Onze Bibliotheek by
zoo verre zy geduurende den tyt van dit Octroy
het zelve Boek en vervolg zouden willen herdrukken met eenige Obfervatien, Noten, Vermeerde-
ringen, Veranderingen, Correctien, of anders,
hoe genaamt of ook in een ander Formaat, gehouden zullen zyn wederom een ander Exemplaar
van het zelve Boek en vervolg geconditioneert als
voren te brengen in de voorfz. Bibliotheek binnen
dezelve tyd, en op de boete en pœnaliteit als en ten
einde de Suppln. dezen Onfen confente en Octroy
mogen genieten als na behoren, laften Wy allen
en eenen iegelyken dien het aangaan mag, dat zy
de Suppln. van den inhoude van dezen, doen, laten
en gedogen, ruftelyk, vredelyk en volmaakte-
lyk genieten en gebruyken, cefleerende alle be-
let ter contrarie, Gegeven in den Hage onder Onze
gro-

PRIVILEGIE.

grote Zegelen, hier aan doen hangen, op den der-
tigften Maart in 't Jaar Onzes Heeren en Zaligma-
kers duyfent zeven hondert zes en dertig.

Getekent,

J. G V. BOETZELAAR.

Aan de Supplianten zyn nevens
dit Octroy ter hand geftelt de
Extract Authenticq haar Ed.
Mog. Refolutien van den 28
Juny 1715. en 30 April 1728.
ten einde om zig daar na te
Reguleeren.

Ter Ordonnantie van de Staten

Getekent,

WILLEM BUYS.

A C.

ACTEURS.

D. GUSMAN, Gouverneur du Pérou.

D. ALVARES, Pere de Gusman, ancien Gouverneur.

ZAMORE, Souverain d'une partie du Potoze.

MONTEZE, Souverain d'une autre partie.

ALZIRE, Fille de Monteze.

EMIRE,
CEPHANE, } Suivantes d'Alzire.

OFFICIERS ESPAGNOLS.

AMERICAINS.

La Scène est dans la Ville de Los - Reyes autrement Lima.

A L.

ALZIRE,

OU LES

AMERICAINS,

TRAGÉDIE.

ACTE I.

SCENE PREMIERE.

ALVARES, D. GUSMAN.

ALVARES,

DU Conseil de Madrid l'Autorité suprême
Pour Successeur enfin, me donne un fils que j'aime.
Faites regner le Prince & le Dieu que je sers,
Sur la riche moitié d'un Nouvel Univers :

A 2   Gou-

Gouvernez cette Rive en malheurs trop féconde,

Qui produit les tréfors & les crimes du monde ;

Je vous remets, mon fils, ces honneurs souverains

Que la vieilleffe arrache à mes débiles mains.

J'ai confumé mon âge au fein de l'Amérique,

Je montrai le premier au Peuple du Méxique (*)

L'appareil inouï, pour ces Mortels nouveaux,

De nos Châteaux ailés qui voloient fur les eaux :

Des Mers de Magellan jufqu'aux Aftres de l'Ourfe,

Cortez Herman , (†) Pizaro ont dirigé ma courfe;

Heureux, fi j'avois pu, pour fruit de mes travaux,

En Chrétiens vertueux, changer tous ces Héros !

Mais qui peut arrêter l'abus de la victoire ?

Leurs cruautés, mon fils, ont obfcurci leur gloire,

Et j'ai pleuré long-tems fur ces triftes Vainqueurs,

Que le Ciel fit fi grands, fans les rendre meilleurs.

Je touche au dernier pas de ma longue carriere

Et mes yeux fans regret quitteront la lumiere,

S'ils vous ont vu régir, fous d'équitables loix,

L'Empire du Potoze & la Ville des Rois.

G U S.

(*) L'Expédition du Méxique fe fit en 1517. & celle du
Pérou en 1525. Ainfi Alvarès a pu aifément les voir. Los-
Reyes lieu de la Scène fut bâti en 1535.

(†) On fait quelles cruautés Fernand Cortez exerça au
Méxique & Pizaro au Pérou.

GUSMAN,

J'ai conquis avec vous ce sauvage Hemisphere,
Dans ces Climats brûlans j'ai vaincu sous mon Pere;
Je dois de vous encor apprendre à gouverner,
Et recevoir vos loix plûtôt que d'en donner.

ALVARES,

Non, non, l'autorité ne veut point de partage:
Confumé de travaux, apefanti par l'âge,
Je fuis las du pouvoir; c'eft affez fi ma voix
Parle encor au Confeil & règle vos exploits.
Croiez-moi, les Humains que j'ai trop fû connoître
Méritent peu, mon fils, qu'on veuille être leur
    maître.
Je confacre à mon Dieu trop long-tems négligé,
Les reftes languiffants de ma caducité.
Je ne veux qu'une grace, elle me fera chere,
Je l'attends comme ami, je la demande en pere.
Mon fils, remettez-moi ces Efclaves obfcurs,
Aujourd'hui, par votre ordre, arrêtés dans nos murs;
Songez que ce grand jour doit être un jour propice,
Marqué par la Clémence & non par la Juftice.

GUSMAN,

Quand vous priez un fils, Seigneur vous comman-
    dez;

A 3   Mais

Mais daignez voir au moins ce que vous hazardez.

D'une Ville naiffante encor mal affûrée,

Au Peuple Américain nous défendons l'entrée:

Empêchons, croyez-moi, que ce Peuple orgueil-
leux,

Au fer qui l'a dompté n'accoutume fes yeux;

Que méprifant nôs loix & prompt à les enfreindre,

Il ofe contempler, des Maîtres qu'il doit craindre.

Il faut toujours qu'il tremble, & n'apprenne à nous
voir

Qu'armés de la vengeance ainfi que du pouvoir.

L'Américain farouche eft un Monftre fauvage

Qui mord en frémjffant le frein de l'Efclavage:

Soumis au châtiment, fier dans l'impunité,

De la main qui le flatte il fe croit redouté.

Tout pouvoir, en un mot, périt par l'indulgence,

Et la févérité produit l'obéiffance.

Je fai qu'aux Caftillans, il fuffit de l'honneur,

Qu'à fervir fans murmure ils mettent leur grandeur:

Mais le refte du monde efclave de la crainte

A befoin qu'on l'opprime & fert avec contrainte;

Les Dieux même adorés dans ces Climats affreux

S'ils ne font teints de fang, n'obtiennent point de
vœux (*).

                                                AL-

(*) On immoloit des hommes en Amérique; mais il n'y
a aucun Peuple qui n'ait été coupable de cette horrible fu-
perftition.

ALVARES,

Ah mon fils, que je hais ces rigueurs tyraniques!
Les pouvez-vous aimer ces forfaits politiques;
Vous Chrétien, vous choisi pour regner deformais
Sur des Chrétiens nouveaux au nom d'un Dieu de
    paix?
Vos yeux ne font-ils pas affouvis des ravages
Qui de ce Continent dépeuplent les Rivages?
Des bords de l'Orient, n'étois-je donc venu
Dans un Monde idolâtre, à l'Europe inconnu,
Que pour voir abhorrer fous ce brûlant Tropique
Et le nom de l'Europe & le nom Catholique!
Ah! Dieu nous envoyoit, par un contraire choix,
Pour annoncer fon nom, pour faire aimer fes Loix:
Et nous de ces Climats, Deftructeurs implacables,
Nous & d'or & de fang toujours infatiables,
Deferteurs de ces Loix qu'il falloit enfeigner,
Nous égorgeons ce Peuple au-lieu de le gagner;
Par nous tout eft en fang, par nous tout eft en pou-
    dré,
Et nous n'avons du Ciel imité que la foudre.
Notre nom, je l'avoue, infpire la terreur,
Les Efpagnols font craints, mais ils font en horreur:
Fleaux du Nouveau Monde, injuftes, vains, avares,
Nous feuls en ces Climats, nous fommes les Barbares;

L'Américain farouche en fa fimplicité
Nous égale en courage & nous paffe en bonté.
Hélas! fi, comme vous, il étoit fanguinaire,
S'il n'avoit des vertus, vous n'auriez plus de pere.
Avez-vous oublié qu'ils m'ont fauvé le jour?
Avez vous oublié, que, près de ce féjour,
Je me vis entouré par ce Peuple en furie
Rendu cruel enfin par notre barbarie?
Tous les miens, à mes yeux, terminerent leur fort.
J'étois feul, fans fecours, & j'attendois la mort:
Mais à mon nom, mon fils, je vis tomber leurs ar-
          mes;
Un jeune Américain, les yeux baignés de larmes,
Au-lieu de me frapper, embraffa mes genoux.
„ Alvarès, me dit-il, Alvarès eft-ce vous?
„ Vivez, votre vertu nous eft trop néceffaire:
„ Vivez, aux malheureux fervez long-tems de pere:
„ Qu'un Peuple de Tyrans qui veut nous enchaîner.
„ Du moins par cet exemple apprenne à pardonner;
„ Allez, la grandeur d'ame eft ici le partage
„ Du Peuple infortuné qu'ils ont nommé fauvage.
Eh bien vous gémiffez, je fens qu'à ce recit
Votre cœur, malgré vous s'émeut & s'adoucit,
L'humanité vous parle ainfi que votre pere!
Ah! fi la cruauté vous étoit toujours chere,

De quel front aujourd'hui pourriez-vous vous offrir
Au vertueux Objet qu'il vous faut attendrir ?
A la fille des Rois de ces tristes Contrées
Qu'à vos sanglantes mains la fortune a livrées.
Prétendez-vous, mon fils, cimenter ces liens
Par le sang répandu de ses Concitoyens ?
Ou bien attendez-vous que ses cris & ses larmes
De vos sévères mains fassent tomber les armes ?

GUSMAN,

Eh bien vous l'ordonnez, je brise leurs liens,
J'y consens ; mais songez qu'il faut qu'ils soient Chré-
   tiens.
Ainsi le veut la Loi : quitter l'Idolâtrie
Est un titre en ces Lieux pour mériter la vie :
A la Religion gagnons les à ce prix :
Commandons aux Cœurs même & forçons les Esprits ;
De la nécessité le pouvoir invincible
Traîne aux pieds des Autels un courage infléxible.
Je veux que ces Mortels, esclaves de ma Loi,
Tremblent sous un seul Dieu, comme sous un seul
   Roi.

ALVARES,

Ecoutez-moi, mon fils, plus que vous je desire
Qu'ici la Vérité fonde un nouvel Empire,

Que le Ciel & l'Eſpagne y ſoient ſans ennemis,
Mais les Cœurs opprimés ne ſont jamais ſoumis;
J'en ai gagné plus d'un, je n'ai forcé perſonne,
Et le vrai Dieu, mon fils, eſt un Dieu qui par-
     donne.

G U S M A N,

Je me rends donc Seigneur & vous l'avez voulu,
Vous avez ſur un fils un pouvoir abſolu;
Oui, vous amoliriez le cœur le plus farouche,
L'indulgente vertu parle par votre bouche.
Eh bien, puiſque le Ciel voulut vous accorder
Ce don, cet heureux don de tout perſuader,
C'eſt de vous que j'attends le bonheur de ma vie;
Alzire contre moi par mes feux enhardie,
Se donnant à regret, ne me rend point heureux.
Je l'aime, je l'avoue, & plus que je ne veux;
Mais enfin je ne peux, même en voulant lui plaire,
De mon cœur trop altier fléchir le caractère,
Et rampant ſous ſes loix, eſclave d'un coup d'œil,
Par des ſoumiſſions careſſer ſon orgueil.
Je ne veux point ſur moi lui donner tant d'empire,
Vous ſeul, vous pouvez tout ſur le pere d'Alzire,
En un mot, parlez-lui pour la derniere fois;
Qu'il commande à ſa fille & force enfin ſon choix.
Daignez.... mais c'en eſt trop, je rougis que mon
     pere

                                        Pour

Pour l'intérêt d'un fils s'abaiffe à la priere.

ALVARES,

C'en eft fait, j'ai parlé, mon fils, & fans rougir
Monteze a vu fa fille, il l'aura fû fléchir ;
De fa Famille augufte en ces lieux prifonniere,
Le Ciel a par mes foins confolé la mifere.
Pour le vrai Dieu Monteze a quitté fes faux Dieux,
Lui-même de fa fille, a defillé les yeux,
De tout ce Nouveau Monde Alzire eft le modelle,
Les Peuples incertains fixent les yeux fur elle :
Son cœur aux Caftillans va donner tous les cœurs,
L'Amérique à genoux adoptera nos mœurs ;
La Foi doit y jetter fes racines profondes,
Votre Hymen eft le nœud qui joindra les deux Mon-
des.
Ces féroces Humains qui deteftent nos Loix,
Voyant entre vos bras la fille de leurs Rois,
Vont d'un efprit moins fier & d'un cœur plus facile,
Sous votre joug heureux baiffer un front docile ;
Et je verrai, mon fils, graces à ces doux liens,
Tous les cœurs deformais Efpagnols & Chrétiens.
Monteze vient ici, mon fils, allez m'attendre
Aux Autels, où fa fille avec lui va fe rendre.

SCENE II.

ALVARES, MONTEZE.

ALVARES,

EH bien votre fageffe & votre autorité
Ont d'Alzire en effet, fléchi la volonté?

MONTEZE,

Pere des Malheureux, pardonne fi ma fille,
Dont Gusman détruifit l'Empire & la Famille,
Semble éprouver encor un refte de terreur,
Et d'un pas chancelant, marche vers fon Vainqueur.
Les nœuds qui vont unir l'Europe & ma Patrie
Ont révolté ma fille en ces Climats nourrie;
Mais tous les préjugez s'effacent à ta voix,
Tes mœurs nous ont appris à révérer tes loix;
C'eft par toi qué le Ciel à nous s'eft fait connoître,
Notre efprit éclairé te doit fon nouvel être,
Sous le fer Caftillan ce Monde eft abbatu,
Il céde à la puiffance & nous à la Vertu.
De tes Concitoyens la rage impitoyable
Auroit rendu comme eux leur Dieu même haïffable,
Nous deteftions ce Dieu qu'annonça leur fureur,

Nous

Nous l'aimons dans toi feul , il s'eft peint dans ton
 cœur ,
Voilà ce qui te donne & Monteze & ma fille.
Inftruits par tes vertus, nous fommes ta famille,
Sers lui long-tems de pere ainfi qu'à nos Etats :
Je la donne à ton fils, je la mets dans fes bras,
Ainfi que le Potoze, Alzire eft fa conquête :
Va dans ton Temple augufte en ordonner la fête,
Va, je crois voir des Cieux les Peuples éternels,
Defcendre de leur Sphere & fe joindre aux Mortels.
Je réponds de ma fille, elle va reconnoître
Dans le fier Don Gusman fon époux & fon maître.

ALVARES,

Ah ! puifqu'enfin mes mains ont pu former ces nœuds,
Cher Monteze, au tombeau je defcends trop heureux.
Toi qui nous découvris ces immenfes Contrées,
Rends du Monde aujourd'hui les bornes éclairées :
Dieu des Chrétiens, préfide à ces vœux folemnels,
Les premiers qu'en ces lieux on forme à tes Autels :
Defcends, attire à toi l'Amérique étonnée.
Adieu , je vais preffer cet heureux Hymenée,
Adieu, je vous devrai le bonheur de mon fils.

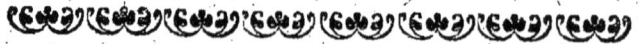

S C E N E III.

M O N T E Z E *seul,*

Dieu deftructeur des Dieux que j'avois trop fer-
 vis,
Protege de mes ans la fin dure & funefte,
Tout me fut enlevé ; ma fille ici me refte,
Daigne veiller fur elle & conduire fon cœur.

S C E N E IV.

M O N T E Z E, A L Z I R E.

M O N T E Z E,

MA fille, il en eft tems, confens à ton bonheur,
 Ou plûtôt, fi ta foi, fi ton cœur me feconde,
Par ta félicité fais le bonheur du Monde ;
Protege les vaincus , commande à nos vainqueurs,
Eteins entre leurs mains leurs foudres deftructeurs,
Remonte au rang des Rois, du fein de la mifere,
Tu dois à ton état plier ton caractère:
Prends un cœur tout nouveau. Viens, obéïs, fuis-
 moi,

Et renais Espagnolle, en renonçant à toi,
Seche tes pleurs, Alzire, ils outragent ton pere.

ALZIRE,

Tout mon sang est à vous, mais si je vous suis
   chere,
Voiez mon desespoir & lisez dans mon cœur.

MONTEZE,

Non, je ne veux plus voir ta honteuse douleur,
J'ai reçu ta parole, il faut qu'on l'accomplisse.

ALZIRE,

Vous m'avez arraché cet affreux sacrifice;
Mais, quel tems, justes Cieux pour engager ma foi !
Voici ce jour horrible où tout périt pour moi,
Où de ce fier Gusman le fer osa détruire,
Des enfans du Soleil, le redoutable Empire:
Que ce jour est marqué par des signes affreux !

MONTEZE,

Nous seuls rendons les jours heureux ou malheureux;
Quitte un vain préjugé l'Ouvrage de nos Prêtres,
Qu'à nos Peuples grossiers ont transmis nos Ancêtres.

A L-

ALZIRE,

Au même jour hélas! le vangeur de l'Etat,
Zamore mon espoir périt dans le combat,
Zamore mon Amant, choisi pour votre gendre.

MONTEZE,

J'ai donné comme toi des larmes à sa cendre,
Les Morts dans le tombeau n'éxigent point ta foi,
Porte, porte aux Autels un cœur maître de soi;
D'un amour insensé pour des cendres éteintes
Commande à ta vertu d'écarter les atteintes.
Tu dois ton ame entiere à la Loi des Chrétiens,
Dieu t'ordonne par moi de former ces liens,
Il t'appelle aux Autels; il règle ta conduite,
Entens sa voix.

ALZIRE,

Mon Pere, où m'avez-vous réduite!
Je sai ce qu'est un pere, & quel est son pouvoir:
M'immoler quand il parle est mon premier devoir,
Et mon obéïssance a passé les limites,
Qu'à ce devoir sacré la Nature a prescrites;
Mes yeux n'ont jusqu'ici rien vu que par vos yeux,
Mon cœur changé par vous abandonna ses Dieux.
Je ne regrette point leurs grandeurs terrassées
Devant ce Dieu nouveau, comme nous abaissées:

Mais

Mais vous, qui m'affûriez, dans mes troubles cruels,
Que la paix habitoit aux pieds de fes Autels,
Que fa Loi, fa Morale & confolante & pure,
De mes fens defolés guériroit la bleffure,
Vous trompiez ma foibleffe! Un trait toujours vain-
    queur,
Dans le fein de ce Dieu, vient déchirer mon cœur.
Il y porte une image à jamais renaiffante,
Zamore vit encor au cœur de fon Amante.
Condamnez, s'il le faut, ces juftes fentimens,
Ce feu victorieux de la mort & du tems,
Cet amour immortel ordonné par vous-même.
Uniffez votre fille au fier Tyran qui m'aime,
Mon Pays le demande, il le faut, j'obéis :
Mais tremblez, en formant ces nœuds mal affortis;
Tremblez, vous qui d'un Dieu m'annoncez la ven-
    geance,
Vous qui me condamnez d'aller en fa préfence
Promettre à cet Epoux, qu'on me donne aujourd'hui,
Un cœur qui brûle encor pour un autre que lui,

MONTEZE,

Ah, que dis-tu ma fille! épargne ma vieilleffe
Au nom de là Nature, au nom de la tendreffe!
Par nos deftins affreux que ta main peut changer,
Par ce cœur paternel que tu viens d'outrager,
Ne rends point de mes ans la fin trop douloureufe.

B  Ai-je

Ai-je fait un seul pas, que pour te rendre heureuse?
Jouis de mes travaux; mais crains d'empoisonner
Ce bonheur difficile où j'ai su t'amener.
Ta carriere nouvelle, aujourd'hui commencée,
Par la main du devoir est à jamais tracée.
Ce Monde gémissant te presse d'y courir,
Il n'espere qu'en toi, voudrois-tu le trahir?
Apprens à te dompter.

ALZIRE,

　　　　Faut-il apprendre à feindre?
Quelle science, hélas!

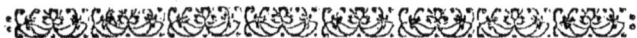

SCENE V.

D. GUSMAN, ALZIRE.

GUSMAN,

J'Ai sujet de me plaindre
Que l'on oppose encor à mes empressemens
L'offensante lenteur de ces retardemens.
J'ai suspendu ma loi, prête à punir l'audace
De tous ces ennemis dont vous vouliez la grace.
Ils sont en liberté; mais j'aurois à rougir,
Si ce foible service eût pu vous attendrir.

J'at-

J'attendois encor moins de mon pouvoir fuprême,
Je voulois vous devoir à ma flamme, à vous-même,
Et je ne penfois pas, dans mes vœux fatisfaits,
Que ma félicité vous coûtât des regrets.

A L Z I R E,

Que puiffe feulement la colere celefte
Ne pas rendre ce jour à tous les deux funefte !
Vous voyez quel effroi me trouble & me confond,
Il parle dans mes yeux, il eft peint fur mon front.
Tel eft mon caractère, & jamais mon vifage
N'a de mon cœur encor démenti le langage.
Qui peut fe déguifer pourroit trahir fa foi,
C'eft un art de l'Europe, il n'eft pas fait pour moi.

G U S M A N ,

Je vois votre franchife & je fai que Zamore
Vit dans votre mémoire & vous eft cher encore.
Ce Cacique (*) obftiné vaincu dans les combats.
S'arme encor contre moi de la nuit du trépas ;
Vivant je l'ai dompté, mort doit-il être à craindre ?
Ceffez de m'offenfer & ceffez de le plaindre ;

Votre

_____

(*) Le mot propre eft Inca ; mais les Efpagnols accou-
tumés dans l'Amérique. Septentrionale au titre de Cacique,
le donnerent d'abord à tous les Souverains du Nouveau
Monde.

Votre devoir, mon nom , mon cœur en font blef-
fés ,
Et ce cœur eft jaloux des pleurs que vous verfez.

A L Z I R E,

Ayez moins de colere & moins de jaloufie,
Un rival au tombeau doit caufer peu d'envie.
Je l'aimai, je l'avoue, & tel fut mon devoir.
De ce Monde opprimé Zamore étoit l'efpoir,
Sa foi me fut promife , il eut pour moi des charmes,
Il m'aima: fon trépas me coûte encor des larmes.
Vous, loin d'ofer ici condamner ma douleur,
Jugez de ma conftance & connoiffez mon cœur;
Et quittant avec moi cette fierté cruelle,
Méritez, s'il fe peut , un amour fi fidelle.

S C E N E VI.

G U S M A N *feul,*

SOn orgueil, je l'avoue, & fa fincérité
Etonne mon courage & plaît à ma fierté.
Allons, ne fouffrons pas que cette humeur altiere
Coûte plus à dompter que l'Amérique entiere;

La

La groffiere Nature, en formant fes appas,
Lui laiffe un cœur fauvage , & fait pour ces Climats,
Le devoir fléchira fon courage rebelle,
Ici tout m'eft foumis, il ne refte plus qu'elle :
Que l'Hymen en triomphe & qu'on ne dife plus ,
Qu'un Vainqueur & qu'un Maître effuya des refus.

A C T E II.

SCENE PREMIERE.

ZAMORE, AME'RICAINS.

ZAMORE,

AMis de qui l'audace, aux Mortels peu commune,
Renaît dans les dangers & croît dans l'infortune;
Illuftres Compagnons de mon funefte fort,
N'obtiendrons-nous jamais la vengeance ou la mort?
Vivrons-nous fans fervir Alzire & la Patrie,
Sans ôter à Gusman fa déteftable vie,
Sans punir, fans trouver cet infolent vainqueur,
Sans venger mon Pays qu'a perdu fa fureur?
Dieux impuiffants! Dieux vains de nos vaftes Contrées!
A des Dieux ennemis vous les avez livrées;
Et fix cens Efpagnols ont détruit fous leurs coups

Mon

Mon Pays & mon Trône & vos Temples & vous.
Vous n'avez plus d'Autels & je n'ai plus d'Empire,
Nous avons tout perdu, je suis privé d'Alzire:
J'ai porté mon courroux, ma honte & mes regrets
Dans les fables mouvans, dans le fond des Forêts;
De la Zone brûlante & du milieu du Monde
L'Aſtre du jour (*) a vu ma courſe vagabonde
Juſqu'aux lieux où ceſſant d'éclairer nos Climats
Il ramene l'Année & revient ſur ſes pas.
Enfin votre amitié, vos ſoins, votre vaillance
A mes vaſtes deſirs ont rendu l'eſpérance;
Et j'ai cru ſatisfaire, en cet affreux ſéjour,
Deux vertus de mon cœur, la vengeance & l'amour.
Nous avons raſſemblé des mortels intrépides,
Eternels ennemis de nos Maîtres avides,
Nous les avons laiſſés dans ces Forêts errans
Pour obſerver ces murs bâtis par nos Tyrans.
J'arrive, on nous ſaiſit; une foule inhumaine
Dans des goufres profonds nous plonge & nous en-
 chaîne.
De ces lieux infernaux on nous laiſſe ſortir,
Sans que de notre ſort on nous daigne avertir.
Amis où ſommes-nous? Ne pourra-t-on m'inſtruire
          Qui

(*) L'Aſtronomie, la Géographie, la Géométrie étoient cultivées au Pérou. On traçoit des Lignes ſur des Colomnes pour marquer les Equinoxes & les Solſtices.

Qui commande en ces Lieux , quel eſt le fort d'Al-
    zire?
Si Monteze eſt eſclave & voit encor le jour,
S'il traîne ſes malheurs en cette horrible Cour?
Chers & triſtes Amis du malheureux Zamore
Ne pouvez-vous m'apprendre un deſtin que j'ignore?

UN AME'RICAIN,

En des lieux différens , comme toi, mis aux fers,
Conduits en ce Palais par des chemins divers,
Etrangers, inconnus chez ce Peuple farouche
Nous n'avons rien appris de tout ce qui te touche.
Cacique infortuné , digne d'un meilleur ſort,
Du moins ſi nos Tyrans ont réſolu ta mort,
Tes amis avec toi, prêts à ceſſer de vivre,
Sont dignes de t'aimer , & dignes de te ſuivre.

ZAMORE,

Après l'honneur de vaincre , il n'eſt rien ſous les
    Cieux
De plus grand en effet qu'un trépas glorieux;
Mais mourir dans l'opprobre & dans l'ignominie,
Mais laiſſer en mourant des fers à ſa Patrie,
Périr ſans ſe venger, expirer par les mains
De ces Brigands d'Europe & de ces Aſſaſſins,
Qui de ſang enivrés, de nos treſors avides,
De ce Monde uſurpé deſolateurs perfides,

                        Ont

Ont ofé me livrer à des tourmens honteux,
Pour m'arracher des biens plus méprifables qu'eux;
Entraîner au tombeau des Citoyens qu'on aime,
Laiffer à ces Tyrans la moitié de foi-même,
Abandonner Alzire à leur lâche fureur;
Cette mort eft affreufe & fait frémir d'horreur.

SCENE II.

ALVARES, ZAMORE,
AME'RICAINS.

ALVARES,

SOyez libres, vivez.

ZAMORE,

Ciel! que viens-je d'entendre!
Quelle eft cette vertu que je ne puis comprendre!
Quel Vieillard ou quel Dieu vient ici m'étonner!
Tu parois Efpagnol & tu fais pardonner!
Es-tu Roi? Cette Ville eft-elle en ta puiffance?

ALVARES,

Non; mais je puis au moins protéger l'innocence.

B 5   Z A.

ALZIRE,

ZAMORE,

Quel eft donc ton deffein Vieillard trop généreux !

ALVARES,

Celui de fecourir les mortels malheureux.

ZAMORE,

Eh! qui peut t'infpirer cette augufte clémence !

ALVARES,

Dieu, ma Religion & la reconnoiffance.

ZAMORE,

Dieu, ta Religion! Quoi ces Tyrans cruels,
Monftres defaltérés dans le fang des Mortels,
Qui dépeuplent la Terre & dont la barbarie
En vafte folitude a changé ma patrie,
Dont l'infame avarice eft la fuprême loi,
Mon pere ! ils n'ont donc pas le même Dieu que
    toi ?

ALVARES,

Ils ont le même Dieu, mon fils , mais ils l'outra-
    gent ;
Nés fous la Loi des Saints, dans le crime ils s'enga-
    gent.
Ils ont tous abufé de leur nouveau pouvoir ,
Tu connois leurs forfaits, mais connois mon devoir.

Le Soleil par deux fois a, d'un Tropique à l'autre,
Eclairé dans fa marche & ce Monde & le nôtre,
Depuis que l'un des tiens, par un noble fecours,
Maître de mon deftin, daigna fauver mes jours:
Mon cœur dès ce moment partagea vos miferes,
Tous vos Concitoyens font devenus mes freres;
Et je mourrois heureux fi je pouvois trouver
Ce Héros inconnu qui m'a pu conferver.

ZAMORE,

A fes traits, à fon âge, à fa vertu fuprême,
C'eft lui; n'en doutons point, c'eft Alvarès lui-mê-
me.
Pourrois-tu parmi nous reconnoître le bras,
A qui le Ciel permit d'empêcher ton trépas?

ALVARES,

Que me dit-il? Approche. O Ciel, ô Providence!
C'eft lui, voilà l'objet de ma reconnoiffance.
Mes yeux, mes triftes yeux affoiblis par les ans,
Hélas! avez-vous pu le chercher fi long-tems?
Mon bienfaiteur! mon fils! (*) parle, que dois-je
faire?
Daigne habiter ces lieux & je t'y fers de pere.

La

(*) Il l'embraffe.

La mort a refpecté ces jours que je te doi,
Pour me donner le tems de m'acquitter vers toi.

Z A M O R E,

Mon pere, ah! fi jamais ta Nation cruelle,
Avoit de tes vertus montré quelqu'étincelle,
Crois-moi, cet Univers aujourd'hui defolé,
Au devant de leur joug fans peine auroit volé!
Mais autant que ton ame eft bienfaifante & pure,
Autant leur cruauté fait frémir la Nature,
Et j'aime mieux périr que de vivre avec eux.
Tout ce que j'ofe attendre & tout ce que je veux,
C'eft de favoir au moins fi leur main fanguinaire
Du malheureux Monteze a fini la mifere,
Si le pere d'Alzire..... hélas! tu vois les pleurs
Qu'un fouvenir trop cher arrache à mes douleurs.

A L V A R E S,

Ne cache point tes pleurs, ceffe de t'en défendre,
C'eft de l'humanité la marque la plus tendre.
Malheur aux cœurs ingrats & nés pour les forfaits,
Que les douleurs d'autrui n'ont attendri jamais!
Apprens que ton ami plein de gloire & d'années
Coule ici près de moi fes douces deftinées.

ZAMORE,

Le verrai-je?

ALVARES,

Oui, crois-moi; puisse-t-il aujourd'hui
T'engager à vivre comme lui !

ZAMORE,

Quoi Monteze.... dis-tu?

ALVARES,

Je veux que de sa bouche
Tu sois instruit ici de tout ce qui le touche,
Du sort qui nous unit, de ces heureux liens
Qui vont joindre mon Peuple à tes Concitoyens;
Je vais dire à mon fils, dans l'excès de ma joie,
Ce bonheur inouï que le Ciel nous envoye.
Je te quitte un moment, mais c'est pour te servir,
Et pour serrer les nœuds qui vont tous nous unir.

SCE-

SCENE III.

ZAMORE, AME'RICAINS.

ZAMORE,

DEs Cieux enfin fur moi la bonté fe déclare,
Je trouve un homme jufte en ce féjour barbare.
Alvarès eft un Dieu qui, parmi ces pervers,
Defcend pour adoucir les mœurs de l'Univers.
Il a dit-il un fils : ce fils fera mon frere ;
Qu'il foit digne, s'il peut, d'un fi vertueux pere !
O jour ! ô doux efpoir à mon cœur éperdu !
Montezé, après trois ans, tu vas m'être rendu.
Alzire, chere Alzire, ô toi que j'ai fervie,
Toi pour qui j'ai tout fait, toi l'ame de ma vie,
Serois-tu dans ces lieux ? hélas ! me gardes-tu
Cette fidélité, la premiere vertu ?
Un cœur infortuné n'eft point fans défiance.....
Mais quel autre Vieillard à mes regards s'avance ?

SCE-

SCENE IV.

MONTEZE, ZAMORE, AME'-
RICAINS.

ZAMORE,

CHer Monteze , eſt-ce toi que je tiens dans mes
bras?
Revoi ton cher Zamore échappé du trépas,
Qui du ſein du tombeau renaît pour te défendre;
Revoi ton tendre ami, ton allié, ton gendre.
Alzire eſt-elle ici? parle quel eſt ſon ſort?
Acheve de me rendre ou la vie ou la mort.

MONTEZE,

Cacique malheureux ! ſur le bruit de ta perte,
Aux plus tendres regrets notre ame étoit ouverte;
Nous te redemandions à nos cruels deſtins,
Autour d'un vain tombeau que t'ont dreſſé nos
mains.
Tu vis: puiſſe le Ciel te rendre un ſort tranquile,
Puiſſent tous nos malheurs finir dans cet azyle !
Zamore, ah! quel deſſein t'a conduit en ces lieux?

Z A.

A L Z I R E,

Z A M O R E,

La foif de me venger, toi, ta fille, & mes Dieux.

M O N T E Z E,

Que dis-tu?

Z A M O R E,

Souviens-toi du jour épouvantable
Où ce fer Espagnol, terrible, invulnérable
Renverfa, détruifit jufqu'en leurs fondemens
Ces murs, que du Soleil ont bâti les enfans. (*)
Gusman étoit fon nom. Le deftin qui m'opprime
Ne m'apprit rien de lui que fon nom & fon crime.
Ce nom, mon cher Monteze, à mon cœur fi fatal,
Du pillage & du meurtre étoit l'affreux fignal.
A ce nom, de mes bras on m'arracha ta fille,
Dans un vil efclavage on traîna ta famille:
On démolit ce Temple & ces Autels chéris,
Où nos Dieux m'attendoient pour me nommer ton
    fils;
On me traîna vers lui; dirai-je à quel fupplice,
A quels maux me livra fa barbare avarice?
Pour m'arracher ces biens par lui déifiés,

Ido-

(*) Les Péruviens qui avoient leurs Fables comme les
Peuples de notre Continent, croyoient que leur premier Inca
qui bâtit Cufco, étoit fils du Soleil.

Idoles de son Peuple & que je foule aux pieds ?
Je fus laissé mourant au milieu des tortures.
Le tems ne peut jamais affoiblir les injures,
Je viens après trois ans d'assembler des amis
Dans leur commune haine avec nous affermis :
Ils sont dans nos Forêts & leur foule héroïque
Vient périr sous ces murs ou venger l'Amérique.

MONTEZE,

Je te plains ; mais hélas ! où vas-tu t'emporter ?
Ne cherche point la mort qui vouloit t'éviter.
Que peuvent tes amis & leurs armes fragiles,
Des Habitans des eaux, dépouilles inutiles,
Ces marbres impuissans en sabres façonnés ;
Ces Soldats presque nuds & mal disciplinés,
Contres ces fiers Géans, ces Tyrans de la Terre
De fer étincelans, armés de leur tonnerre ;
Qui s'élancent sur nous aussi promts que les vents,
Sur des Monstres guerriers pour eux obéïssants.
L'Univers a cédé . . . cédons mon cher Zamore.

ZAMORE,

Moi fléchir, moi ramper, lorsque je vis encore !
Ah ! Monteze crois-moi, ces foudres, ces éclairs,
Ce fer, dont nos Tyrans sont armés & couverts,
Ces rapides Coursiers qui sous eux font la guerre,
Pouvoient à leur abord, épouvanter la Terre.

Je les vois d'un œil fixe & leur ose insulter,
Pour les vaincre, il suffit de ne rien redouter.
Leur nouveauté, qui seule a fait ce Monde esclave,
Subjugue qui la craint, & céde à qui la brave.
L'or, ce poison brillant qui naît dans nos Climats,
Attire ici l'Europe, & ne nous défend pas.
Le fer manque à nos mains : les Cieux, pour nous
    avares,
Ont fait ce don funeste à des mains plus barbares;
Mais pour vanger enfin nos Peuples abatus,
Le Ciel, au lieu de fer, nous donna des vertus.
Je combats pour Alzire, & je vaincrai pour elle.

MONTEZE,

Le Ciel est contre toi: calme un frivole zèle.
Les tems font trop changés.

ZAMORE,

       Que peux-tu dire, hélas!
Les tems font-ils changés, si ton cœur ne l'est pas?
Si ta fille est fidelle à ses vœux, à sa gloire,
Si Zamore est présent encor à sa mémoire?
Tu détournes les yeux, tu pleures, tu gémis!

MONTEZE,

Zamore infortuné !

Z A-

ZAMORE,

Ne fuis-je plus ton fils ?
Nos Tyrans ont flétri ton ame magnanime ;
Sur le bord de la tombe ils t'ont appris le crime.

MONTEZE,

Je ne fuis point coupable, & tous ces Conquérans,
Ainfi que tu le crois, ne font point des Tyrans.
Il en eft que le Ciel guida dans cet Empire,
* Moins pour nous conquérir qu'afin de nous inftrui-
re ;
Qui nous ont apporté de nouvelles vertus,
Des fecrets immortels, & des Arts inconnus,
La fcience de l'homme, un grand exemple à fuivre ;
Enfin, l'Art d'être heureux, de penfer, & de vivre.

ZAMORE,

Que dis-tu ! quelle horreur ta bouche ofe avouer ?
Alzire eft leur efclave ; & tu peux les louer !

MONTEZE,

Elle n'eft point efclave.

ZA-

(*) On voit que Monteze, perfuadé comme il l'eft, ne fait point une lâcheté en refufant fa fille à Zamore. Il doit trop aimer fa Religion & fa fille, pour la céder à un Idolâtre qui ne pourroit la défendre.

C 2

Z A M O R E,

Ah! Monteze, ah! mon pere,
Pardonne à mes malheurs, pardonne à ma colere!
Songe qu'elle est à moi par des nœuds éternels:
Oui, tu me l'as promise aux pieds des Immortels;
Ils ont reçu sa foi, son cœur n'est pont parjure.

M O N T E Z E,

N'attefte point ces Dieux enfans de l'imposture,
Ces Fantômes affreux, que je ne connois plus,
Sous le Dieu que j'adore ils font tous abatus.

Z A M O R E,

Quoi, ta Religion! Quoi, la Loi de nos peres!

M O N T E Z E,

J'ai connu son néant, j'ai quitté ses chimeres;
Puiffe le Dieu des Dieux, dans ce Monde ignoré,
Manifester son Etre à ton cœur éclaire!
Puiffe-tu mieux connoître, ô! malheureux Zamore,
Les vertus de l'Europe, & le Dieu qu'elle adore!

Z A M O R E,

Quelles vertus! Cruel! les Tyrans de ces lieux
T'ont fait efclave en tout, t'ont arraché tes Dieux!
Tu les a donc trahis, pour trahir ta promeffe?
Alzire a-t-elle encore imité ta foibleffe?
Garde toi...   M O N.

MONTEZE,

Va mon cœur ne se reproche rien.
Je dois benir mon sort, & pleurer sur le tien.

ZAMORE,

Si tu trahis ta foi, tu dois pleurer sans doute.
Pren pitié des tourmens que ton crime me coûte;
Pren pitié de ce cœur enivré tour à tour
De zèle pour mes Dieux, de vengeance & d'amour.
Je cherche ici Gusman, j'y vole pour Alzire,
Vien, conduis-moi vers elle, & qu'à ses pieds j'expire.
Ne me dérobe point le bonheur de la voir,
Crain de porter Zamore au dernier desespoir,
Repren un cœur humain, que ta vertu bannie...

SCENE V.

MONTEZE, ZAMORE. *Suite.*

UN GARDE à *Monteze,*

SEigneur on vous attend pour la cérémonie.

M O N T E Z E,

Je vous fuis.

Z A M O R E,

Ah! cruel, je ne te quitte pas.
Quelle eft donc cette pompe, où s'adreffent tes pas?
Monteze....

M O N T E Z E,

Adieu, crois-moi, fui de ce lieu funefte.

Z A M O R E,

Dût m'accabler ici la colere celefte,
Je te fuivrai.

M O N T E Z E,

Pardonne à mes foins paternels.
Aux Gardes,
Gardes empêchez-les de me fuivre aux Autels.
Ces Payens, élevés dans des Loix étrangeres,
Pourroient de nos Chrétiens profaner les Miftères:
Il ne m'appartient pas de vous donner des loix,
Mais Gusman vous l'ordonne & parle par ma voix.

S C E-

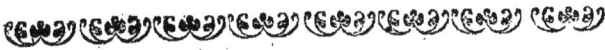

SCENE VI.

ZAMORE, AMÉRICAINS.

ZAMORE,

QU'ai-je entendu, Gusman! O trahison! O rage!
O comble des forfaits! lâche & dernier outra-
ge!
Il serviroit Gusman! l'ai-je bien entendu!
Dans l'Univers entier n'est-il plus de vertu!
Alzire, Alzire aussi sera-t-elle coupable?
Aura-t-elle succé ce poison détestable
Apporté parmi nous par ces Persécuteurs,
Qui poursuivent nos jours & corrompent nos mœurs?
Gusman est donc ici? que résoudre & que faire?

UN AMÉRICAIN,

J'ose ici te donner un conseil salutaire.
Celui qui t'a sauvé, ce Vieillard vertueux,
Bien-tôt avec son fils va paroître à tes yeux.
Aux portes de la Ville obtien qu'on nous conduise.
Sortons, allons tenter notre illustre entreprise:
Allons tout préparer contre nos Ennemis,
Et sur-tout n'épargnons qu'Alvarès & son Fils.
J'ai vu de ces remparts l'étrangére structure,

C 4 Ces

Cet Art nouveau pour nous, vainqueur de la Nature ;
Ces angles, ces foflés, ces hardis boulevards,
Ces Tonnerres d'airain grondant fur les ramparts,
Ces pièges de la guerre, où la mort fe préfente,
Tout étonnants qu'ils font, n'ont rien qui m'épouvante,
Hélas ! nos Citoyeus enchaînés en ces lieux,
Servent à cimenter cet azyle odieux ;
Ils dreflent d'une main dans les fers avilie,
Ce Siège de l'orgueil & de la tyrannie.
Mais, crois-moi, dans l'inftant qu'ils verront leurs Van-
    geurs,
Leurs mains vont fe lever fur leurs Perfécuteurs :
Eux-mêmes ils détruiront cét effroyable ouvrage,
Inftrument de leur honte & de leur efclavage.
Nos Soldats, nos Amis, dans ces foflés fanglants,
Vont te faire un chemin fur leurs corps expirants.
Partons, & revenons, fur ces coupables têtes,
Tourner ces traits de feu, ce fer & ces tempêtes,
Ce falpêtre enflammé, qui d'abord à nos yeux
Parut un feu facré, lancé des mains des Dieux.
Connoiffons, renverfons cette horrible puiffance,
Que l'orgueil trop long-tems fonda fur l'ignorance.

Z A M O R E,

Illuftres malheureux ! que j'aime à voir vos cœurs
Embrafler mes defleins, & fentir mes fureurs !
Puiffions-nous de Gusman punir la barbarie !

Que

Que fon fang fatisfaffe au fang de ma Patrie!

Trifte Divinité des mortels offenfés,

Vengeance! arme nos mains, qu'il meure, & c'eft
    affés,

Qu'il meure ... mais hélas! plus malheureux que
    braves,

Nous parlons de punir & nous fommes Efclaves.

De notre fort affreux le joug s'appefantit.

Alvarès difparoît, Monteze nous trahit,

Ce que j'aime eft peut-être en des mains que j'ab-
    horre:

Je n'ai d'autre douceur que d'en douter encore.

Mes amis, quels accens rempliffent ce féjour?

Ces flambeaux allumés ont redoublé le jour!

J'entends l'Airain tonnant de ce Peuple barbare:

Quelle Fête, ou quel crime, eft-ce donc qu'il préparé?

Voyons fi de ces lieux on peut au moins fortir;

Si je puis vous fauver, ou s'il nous faut périr.

ACTE III.

SCENE PREMIERE.

ALZIRE *seule*,

Anes de mon Amant, j'ai donc trahi ma foi!
C'en est fait, & Gusman regne à jamais sur moi!
L'Océan, qui s'éleve entre nos Hemispheres,
A donc mis entre nous d'impuissantes barrieres;
Je suis à lui, l'Autel a donc reçu nos vœux,
Et déja nos sermens font écrits dans les Cieux!
O toi! qui me poursuis, Ombre chere & sanglante,
A mes sens desolés, Ombre à jamais présente,
Cher Amant! si mes pleurs, mon trouble, mes remords,
Peuvent percer ta Tombe, & passer chez les Morts;
Si le pouvoir d'un Dieu fait survivre à sa tendre
Cet esprit d'un Héros, ce cœur fidèle & tendre;
Cette ame qui m'aima jusqu'au dernier soupir,

Par-

Pardonne à cet Hymen où j'ai pu confentir.
Il falloit m'immoler aux volontés d'un Pere,
Au bien de mes Sujets, dont je me fens la Mere,
A tant de malheureux, aux larmes des vaincus,
Au foin de l'Univers, hélas! où tu n'ès plus.
Zamore, laiffe en paix mon ame déchirée
Suivre l'affreux devoir où les Cieux m'ont livrée :
Souffre un joug impofé par la néceffité ;
Permets ces nœuds cruels, ils m'ont affés coûté. 7

SCENE II.

ALZIRE, EMIRE.

ALZIRE,

EH bien! veut-on toujours ravir à ma préfence,
Les Habitans des lieux fi chers à mon enfance ?
Ne puis-je voir enfin ces Captifs malheureux,
Et goûter la douceur de pleurer avec eux ?

EMIRE,

Ah! plutôt de Gusman redoutez la furie,
Craignez pour ces Captifs, tremblez pour la Patrie.
On nous menace, on dit qu'à notre Nation
Ce jour fera le jour de la deftruction.

On

On déploye aujourd'hui l'Etendard de la guerre,
On allume ces feux enfermés fous la terre;
On affembloit déja le fanglant Tribunal,
Monteze eft appellé dans ce Confeil fatal,
C'eft tout ce que j'ai fu.

A L Z I R E,

     Ciel! qui m'avez trompée,
De quel étonnement je demeure frappée!
Quoi! prefque entre mes bras, & du pied de l'Autel,
Gusman contre les miens leve fon bras cruel!
Quoi! J'ai fait le ferment du malheur de ma vie!
Serment, qui pour jamais m'avez affüjettie!
Hymen, cruel Hymen! fous quel Aftre odieux,
Mon pere a-t-il formé tes redoutables nœuds!

S C E N E III.

A L Z I R E, E M I R E, C E P H A N E.

C E P H A N E,

MAdame, un des Captifs, qui dans cette jour-
  née
N'ont du leur liberté qu'à ce grand Hymenée,
A vos pieds en fecret demande à fe jetter.

A L

ALZIRE,

Ah! qu'avec affûrance il peut fe préfenter!
Sur lui, fur fes amis, mon ame eft attendrie,
Ils font chers à mes yeux, j'aime en eux la Patrie.
Mais quoi! faut-il qu'un feul demande à me parler!

CÉPHANE,

Il a quelques fecrets, qu'il veut vous révéler.
C'eft ce même Guerrier, dont la main tutelaire
De Gusman votre Epoux fauva, dit-on, le Père,

EMIRE,

Il vous cherchoit, Madame, & Monteze en ces lieux
Par des ordres fecrets le cachoit à vos yeux.
Dans un fombre chagrin fon ame enveloppée,
Sembloit d'un grand deffein profondément frappée.

CÉPHANE,

On lifoit fur fon front le trouble & les douleurs.
Il vous nommoit, Madame, & répandoit des pleurs :
Et l'on connoît affés par fes plaintes fecretes,
Qu'il ignore, & le rang & l'éclat où vous êtes.

ALZIRE,

Quel éclat, cher Emiré, & quel indigne rang!
Ce Héros malheureux, peut être eft de mon fang.
De ma famille au moins il a vu la puiffance;

Qui

Qui fait, fi de fa perte il ne fût pas témoin?
Il vient pour m'en parler: ah! quel funefte foin.
Sa voix redoublera les tourmens que j'endure,
Il va percer mon cœur & r'ouvrir ma bleffure,
Mais n'importe, qu'il vienne.   Un mouvement con-
    fus
S'empare malgré moi de mes fens éperdus.
Hélas! dans ce Palais arrofé de mes larmes,
Je n'ai pas encor eu de moment fans allarmes.

S C E N E IV.

ALZIRE, ZAMORE, EMIRE.

Z A M O R E,

M'Eft-elle enfin rendue? Eft-ce elle que je vois?

A L Z I R E,

Ciel! tels étoient fes traits, fa démarche, fa voix.
Elle tombe entre les mains de fa confidente,
Zamore.... Je fuccombe; à peine je refpire.

Z A M O R E,

Reconnoi ton Amant.

A L.

A L Z I R E,

Zamore aux pieds d'Alzire,

Eſt-ce une illuſion?

Z A M O R E,

Non, je revis pour toi.
Je reclame à tes pieds tes ſermens & ta foi.
O moitié de moi-même! Idole de mon ame!
Toi, qu'un amour ſi tendre aſſûroit à ma flamme,
Qu'as-tu fait des ſaints nœuds qui nous ont enchaînés?

A L Z I R E,

O jours! O doux momens d'horreur empoiſonnés!
Cher & fatal objet de douleur & de joie,
Ah! Zamore, en quel tems faut-il que je te voie?
Chaque mot dans mon cœur enfonce le poignard,

Z A M O R E,

Tu gémis & me vois!

A L Z I R E,

Je t'ai revu trop tard.

Z A M O R E,

Le bruit de mon trépas a du remplir le Monde.
J'ai traîné loin de toi ma courſe vagabonde,
Depuis que ces Brigands, t'arrachant à mes bras,
M'enle-

M'enleverent mes Dieux, mon Trône & tes appas.
Sais-tu que ce Gusman, ce Deftructeur fauvage,
Par des tourmens fans nombre éprouva mon courage ?
Sais-tu que ton Amant, à ton lit deftiné,
Chere Alzire, aux Bourreaux fe vit abandonné ?
Tu frémis. Tu reffens le courroux qui m'enflamme.
L'horreur de cette injure a paffé dans ton ame.
Un Dieu fans doute, un Dieu, qui préfide à l'amour,
Dans le fein du trépas me conferva le jour.
Tu n'as point démenti ce grand Dieu qui me guide ;
Tu n'ès point devenue Efpagnole & perfide.
On dit que ce Gusman refpire dans ces lieux ,
Je venois t'arracher à ce Monftre odieux.
Tu m'aimes : vangeons-nous ; livre-moi ma victime.

A L Z I R E,

Oui, tu dois te vanger, tu dois punir le crime,
Frappe.

Z A M O R E,

Que me dis-tu ? Quoi, tes vœux ! Quoi, ta foi !

A L Z I R E,

Frappe, je fuis indigne, & du jour, & de toi.

Ah Monteze ! ah, cruel ! mon cœur n'a pu te croire.

A L.

ALZIRE,

A-t-il ofé t'apprendre une action fi noire?
Sais-tu pour quel Epoux j'ai pu t'abandonner?

ZAMORE,

Non, mais parle: aujourd'hui rien ne peut m'étonner.

ALZIRE,

Eh bien! Voi donc l'abîme où le fort nous engage:
Voi le comble du crime, ainfi que de l'outrage.

ZAMORE,

Alzire!

ALZIRE,

Ce Gusman.....

ZAMORE,

Grand Dieu!

ALZIRE,

Ton affaffin,
Vient en ce même inftant de recevoir ma main.

ZAMORE,

Lui!

A L Z I R E,

Mon Pere, Alvarès, ont trompé ma jeuneſſe.
Ils ont à cet Hymen entraîné ma foibleſſe.
Ta criminelle Amante, aux Autels des Chrétiens,
Vient, preſque ſous tes yeux, de former ces liens.
J'ai tout quitté, mes Dieux, mon Amant, ma Pa-
trie:
Au nom de tous les trois, arrache moi la vie.
Voilà mon cœur, il vole au devant de tes coups.

Z A M O R E,

Alzire, eſt-il bien vrai? Gusman eſt ton époux!

A L Z I R E,

Je pourrois t'alléguer pour affoiblir mon crime,
De mon pere ſur moi le pouvoir légitime,
L'erreur où nous étions, mes regrets, mes combats,
Les pleurs que j'ai trois ans donnés à ton trépas:
Que des Chrétiens vainqueurs Eſclave infortunée,
La douleur de ta perte à leur Dieu m'a donnée,
Que je t'aimai toujours, que mon cœur éperdu,
A déteſté tes Dieux qui t'ont mal défendu;
Mais je ne cherche point, je ne veux point d'excuſe,
Il n'en eſt point pour moi, lorſque l'amour m'accu-
ſe.
Tu vis, il me ſuffit. Je t'ai manqué de foi;

Tran-

Tranche mes jours affreux, qui ne font plus pour
 toi.
Quoi! tu ne me vois point d'un œil impitoyable?

ZAMORE,

Non, fi je fuis aimé, non, tu n'ès point coupable.
Puis-je encor me flater de regner dans ton cœur?

ALZIRE,

Quand Monteze, Alvarès, peut-être un Dieu vengeur,
Nos Chrétiens, ma foibleffe, au Temple m'ont con-
 duite,
Sûre de ton trépas, à cet Hymen réduite,
Enchaînée à Gusman par des nœuds éternels,
J'adorois ta mémoire au pied de nos Autels.
Nos Peuples, nos Tyrans, tous ont fu que je t'ai-
 me,
Je l'ai dit à la Terre, au Ciel, à Gusman même,
Et dans l'affreux moment, Zamore, où je te vois,
Je te le dis encor pour la derniere fois.

ZAMORE,

Pour la derniere fois Zamore t'auroit vue!
Tu me ferois ravie auffi-tôt que rendue!
Ah! fi l'amour encor te parloit aujourd'hui....

ALZIRE,

O Ciel! c'eft Gusman même, & fon pere avec lui.

SCENE V.

ALVARES, GUSMAN, ZA-MORE, ALZIRE, *Suite.*

ALVARES *à son Fils*,

TU vois mon bienfaiéteur, il eſt auprès d'Alzire.
à Zamore,
O toi! jeune Héros, toi par qui je reſpire,
Viens, ajoute à ma joye en cet auguſte jour,
Viens avec mon cher fils partager mon amour.

ZAMORE,

Qu'entens-je? Lui, Guſman! Lui, ton fils, ce barbare!

ALZIRE,

Ciel! détourne les coups que ce moment prépare.

ALVARES,

Dans quel étonnement. . . .

ZAMORE,

Quoi! le Ciel a permis,
Que ce vertueux pere eût cet indigne fils?

GUS-

GUSMAN *à Zamore,*

Efclave, d'où te vient cette aveugle furie ?
Sais-tu bien qui je fuis ?

ZAMORE,

Horreur de ma patrie!
Parmi les malheureux que ton pouvoir a faits,
Connois-tu bien Zamore? & vois-tu tes forfaits?

GUSMAN,

Toi!

ALVARES,

Zamore !

ZAMORE,

Oui, lui-même, à qui ta barbarie
Voulut ôter l'honneur, & crut ôter la vie;
Lui que tu fis languir dans des tourmens honteux,
Lui dont l'afpect ici te fait baiffer les yeux.
Raviffeur de nos biens, Tyran de notre Empire,
Tu viens de m'arracher le feul bien où j'afpire,
Acheve, & de ce fer, *Trefor* de tes Climats,
Prévien mon bras vangeur, & prévien ton trépas.
La main, la même main qui t'a rendu ton pere,

D 3   Dans

Dans ton sang odieux pourroit vanger la Terre : *
Et j'aurois les Mortels & les Dieux pour amis,
En révérant le pere & puniffant le fils.

A L V A R E S à *Gufman*,

De ce difcours, ô Ciel, que je me fens confondre !
Vous fentez-vous coupable , & pouvez-vous répon-
       dre ?

G U S M A N ,

Répondre à ce Rebelle & daigner m'avilir,
Jufqu'à le réfuter, quand je le dois punir ?
Son jufte châtiment, que lui-même il prononce,
Sans mon refpeÂ pour vous, eût été ma réponfe.

     à Alzire,

Madame, votre cœur doit vous inftruire affez ,
A quel point en fecret ici vous m'offenfez ;
Vous, qui, finon pour moi, du moins pour votre
       gloire,
Deviez de cet Efclave étouffer la mémoire :

                        Vous,

---

* *Pere* doit rimer avec *terre*, parce qu'on les prononce
tous deux de même. C'eft aux oreilles & non pas aux
yeux qu'il faut rimer. Cela eft fi vrai, que le mot *Paon*
n'a jamais rimé avec *Phaon*, quoique l'orthographe foit la
même ; & ce mot *encore* rime très-bien avec *abborre*, quoi-
qu'il n'y ait qu'un R. à l'un, & qu'il y ait deux RR. à
l'autre. La Poëfie eft faite pour l'oreille : un ufage contraire ne feroit qu'une pédanterie ridicule.

Vous, dont les pleurs encor outragent votre Epoux,
Vous, que j'aimois affés pour en être jaloux.

ALZIRE,

à Gufman,   *à Alvarès,*
Cruel! & vous, Seigneur! mon protecteur fon pere,
à Zamore,
Toi! Jadis mon efpoir en un tems plus profpere,
Voyez le joug horrible où mon fort eft lié,
Et frémiffez tous trois d'horreur & de pitié.
    en montrant Zamore,
Voici l'Amant, l'Epoux que me choifit mon pere,
Avant que je connuffe un nouvel Hémifphere,
Avant que de l'Europe on nous portât des fers,
Le bruit de fon trépas perdit cet Univers.
Je vis tomber l'Empire où régnoient mes Ancêtres,
Tout changea fur la Terre, & je connus des Maî-
    tres.
Mon pere infortuné, plein d'ennuis & de jours,
Au Dieu que vous fervez eut à la fin recours:
C'eft ce Dieu des Chrétiens, que devant vous j'at
    tefte,
Ses Autels font témoins de mon Hymen funefte.
C'eft aux pieds de ce Dieu, qu'un horrible ferment
Me donne au Meurtrier qui m'ôta mon Amant. ⸺
Je connois mal peut-être une loi fi nouvelle;

      D 4   Mais

Mais j'en crois ma vertu, qui parle auffi haut qu'elle,
Zamore, tu m'ès cher ; je t'aime, je le doi ;
Mais après mes fermens je ne puis être à toi.
Toi, Gufman, dont je fuis l'époufe & la victime,
Je ne fuis point à toi, cruel ! après ton crime.
Qui des deux ofera fe vanger aujourd'hui ?
Qui percera ce cœur que l'on arrache à lui ?
Toujours infortunée, & toujours criminelle,
Perfide envers Zamore, à Gufman infidelle,
Qui me délivrera, par un trépas heureux,
De la néceffité de vous trahir tous deux ?
Gufman, du fang des miens, ta main déja rougie,
Frémira moins qu'un autre à m'arracher la vie.
De l'Hymen, de l'Amour, il faut vanger les droits.
Punis une coupable, & fois jufte une fois.

G U S M A N,

Ainfi vous abufez d'un refte d'indulgence,
Que ma bonté trahie oppofe à votre offenfe ;
Mais vous le demandez, & je vais vous punir ;
Votre fupplice eft prêt, mon rival va périr.
Hola, Soldats.

A L Z I R E,

Cruel !

A L-

ALVARES,

    Mon fils, qu'allez-vous faire?
Respectez ses bienfaits, respectez sa misere.
Quel est l'état horrible, ô Ciel, où je me vois!
L'un tient de moi la vie, à l'autre je la dois!
Ah mes fils! de ce nom ressentez la tendresse,
D'un Pere infortuné regardez la vieillesse,
Et du moins...

SCENE VI.

ALVARES, GUSMAN, ALZIRE, DOM ALONZE, *Officier Espagnol.*

ALONZE,

Paroissez, Seigneur, & commandez,
D'armes & d'ennemis ces champs sont inondés:
Ils marchent vers ces murs, & le nom de Zamore
Est le cri menaçant qui les rassemble encore.
Ce nom sacré pour eux se mêle dans les airs,
A ce bruit belliqueux des barbares concerts.
Sous leurs boucliers d'or les campagnes mugissent,
De leurs cris redoublés les échos retentissent,

En

En bataillons ferrés ils mefurent leurs pas,
Dans un ordre nouveau qu'ils ne connoifloient pas;
Et ce Peuple autrefois, vil fardeau de la Terre,
Semble apprendre de nous le grand art de la guerre.

G U S M A N,

Allons, à leurs regards il faut donc fe montrer.
Dans la poudre à l'inflant vous les verrez rentrer.
Héros de la Caftille, Enfans de la Victoire,
Ce Monde eft fait pour vous, vous l'êtes pour la
      gloire,
Eux pour porter vos fers, vous craindre, & vous fer-
      vir.

Z A M O R E,

Mortel égal à moi, nous faits pour obéïr!

G U S M A N,

Qu'on l'entraîne.

Z A M O R E,

              Ofes-tu? Tyran de l'innocence,
Ofes-tu me punir d'une jufte défenfe?

                    Aux Efpagnols qui l'entourent,
Etes-vous donc des Dieux qu'on ne puiffe attaquer?
Et teints de notre fang, faut il vous invoquer?

                                        GUS.

GUSMAN,

Obéïssez,

ALZIRE,

Seigneur !

ALVARES,

Dans ton courroux févere,
Songe au moins, mon cher fils, qu'il a fauvé ton Pere.

GUSMAN,

Seigneur, je fonge à vaincre, & je l'appris de vous;
J'y vole, adieu.

SCENE VII.

ALVARES, ALZIRE.

ALZIRE *fe jettant à genoux,*

SEigneur , j'embraffe vos genoux ,
C'eft à votre vertu que je rends cet hommage,
Le premier où le fort abaiffa mon courage.
Vangez, Seigneur, vangez, fur ce cœur affligé,
L'honneur de votre fils par fa femme outragé :
Mais à mes premiers nœuds mon ame étoit unie;

Un

Un cœur peut-il deux fois se donner en sa vie ?
Zamore étoit à moi, Zamore eut mon amour :
Zamore est vertueux, vous lui devez le jour.
Pardonnez... je succombe à ma douleur mortelle.

A L V A R E S ,

Je conserve pour toi ma bonté paternelle,
Je plains Zamore & toi, je ferai ton apui ;
Mais songe au nœud sacré qui t'attache aujourd'hui.
Ne porte point l'horreur au sein de ma famille :
Non, tu n'ès plus à toi : sois mon sang, sois ma fille.
Gusman fut inhumain, je le sai, j'en frémis ;
Mais il est ton Epoux, il t'aime, il est mon fils,
Son ame à la pitié se peut ouvrir encore.

A L Z I R E ,

Hélas, que n'êtes-vous le pere de Zamore !

A C.

ACTE IV.

SCENE PREMIERE.

ALVARES, GUSMAN.

ALVARES,

Eritez donc, mon fils, un si grand avan-
tage.
Vous avez triomphé du nombre & du cou-
rage,
Et de tous les vengeurs de ce triste Univers
Une moitié n'est plus, & l'autre est dans vos fers.
Ah! n'ensanglantez point le prix de la victoire,
Mon fils, que la clémence ajoute à votre gloire;
Je vais sur les vaincus étendant mes secours,
Consoler leur misere, & veiller sur leurs jours.
Vous, songez cependant qu'un pere vous implore;
Soyez homme & Chrétien, pardonnez à Zamore.
Ne pourrai-je adoucir vos infléxibles mœurs?

Et

Et n'apprendrez-vous point à conquérir des cœurs?

G U S M A N,

Ah! vous percez le mien. Demandez-moi ma vie,
Mais laiffez un champ libre à ma jufte furie:
Ménagez le courroux de mon cœur opprimé;
Comment lui pardonner? le barbare eft aimé.

A L V A R E S,

Il en eft plus à plaindre.

G U S M A N,

                    A plaindre? lui mon pere!
Ah! qu'on me plaigne ainfi; la mort me fera chere.

A L V A R E S,

Quoi, vous joignez encor à cet ardent courroux,
La fureur des foupçons, ce tourment des jaloux?

G U S M A N,

Et vous condamneriez jufqu'à ma jaloufie?
Quoi ce jufte tranfport dont mon ame eft faifie,
Ce trifte fentiment plein de honte & d'horreur,
Si légitime en moi, trouve en vous un cenfeur!
Vous voyez fans pitié ma douleur éffrenée!

                                        A L.

ALVARES,

Mêlez moins d'amertume à votre destinée ;
Alzire a des vertus, & loin de les aigrir,
Par des dehors plus doux vous devez l'attendrir.
Son cœur de ces Climats conserve la rudesse,
Il résiste à la force, il cède à la souplesse,
Et la douceur peut tout sur notre volonté.

GUSMAN.

Moi que je flatte encor l'orgueil de sa beauté !
Que sous un front serain déguisant mon outrage,
A de nouveaux mépris ma bonté l'encourage !
Ne devriez-vous pas, de mon honneur jaloux,
Au lieu de le blâmer, partager mon courroux ?
J'ai déja trop rougi d'épouser une Esclave,
Qui m'ose dédaigner, qui me hait, qui me brave,
Dont un autre à mes yeux possède encor le cœur,
Et que j'aime, en un mot, pour comble de malheur.

ALVARES,

Ne vous repentez point d'un amour légitime ;
Mais sachez le régler, tout excès mene au crime,
Promettez-moi du moins de ne décider rien ;
Avant de m'accorder un second entretien.

GUS-

G U S M A N.

Eh que pourroit un fils refufer à fon pere?
Je veux bien pour un tems fufpendre ma colere,
N'en éxigez pas plus de mon cœur outragé.

A L V A R E S,

Je ne veux que du tems. *Il fort.*

G U S M A N *feul,*

Quoi n'être point vengé!
Aimer, me repentir, être réduit encore
A l'horreur d'envier le deftin de Zamore,
D'un de ces vils mortels en Europe ignorés,
Qu'à peine du nom d'homme on auroit honorés…
Que vois-je! Alzire! ô Ciel…

S C E N E II.

GUSMAN, ALZIRE, EMIRE.

A L Z I R E,

C'Eft moi, c'eft ton Epoufe,
C'eft ce fatal objet de ta fureur jaloufe,
Qui n'a pu te chérir, qui t'a du révérer,

Qui

Qui te plaint, qui t'outrage, & qui vient t'implorer.
Je n'ai rien déguisé. Soit grandeur, soit foiblesse,
Ma bouche a fait l'aveu qu'un autre a ma tendresse:
Et ma sincérité, trop funeste vertu,
Si mon Amant périt, est ce qui l'a perdu.
Je vais plus t'étonner; ton épouse a l'audace,
De s'adresser à toi pour demander sa grace.
J'ai cru que Dom Gusman, tout fier, tout rigou-
   reux,
Tout terrible qu'il est, doit être généreux.
J'ai pensé qu'un Guerrier, jaloux de sa puissance,
Peut mettre l'orgueil même à pardonner l'offense:
Une telle vertu séduiroit plus nos cœurs,
Que tout l'or de ces lieux n'éblouit nos vainqueurs.
Par ce grand changement dans ton ame inhumaine,
Par un effort si beau, tu vas changer la mienne,
Tu t'assûres ma foi, mon respect, mon retour,
Tous mes vœux (s'il en est qui tiennent lieu d'a-
   mour.)
Pardonne.... je m'égare.... éprouve mon courage.
Peut-être une Espagnole, eût promis davantage.
Elle eût pu prodiguer les charmes de ses pleurs;
Je n'ai point leurs attraits, & je n'ai point leurs mœurs.
Ce cœur simple & formé des mains de la Nature,
En voulant t'adoucir redouble ton injure;
Mais enfin c'est à toi d'essayer deformais,
Sur ce cœur indompté la force des bienfaits.

E   GUS.

G U S M A N,

Eh bien ! fi les vertus peuvent tant fur votre ame,
Pour en fuivre les loix , connoiffés les, Madame.
Etudiez nos mœurs, avant de les blâmer.
Ces mœurs font vos devoirs, il faut s'y conformer.
Sachez que le premier, eft d'étouffer l'idée,
Dont votre ame à mes yeux eft encor poffédée.
De vous refpecter plus , & de n'ofer jamais
Me prononcer le nom d'un rival que je hais,
D'en rougir la premiere, & d'attendre en filence,
Ce que doit d'un Barbare ordonner ma vengeance.
Sachez que votre Epoux qu'ont outragé vos feux,
S'il peut vous pardonner, eft affez généreux.

Plus que vous ne penfez, je porte un cœur fenfible,
Et ce n'eft pas à vous à me croire infléxible.

S C E N E III.

A L Z I R E , E M I R E.

E M I R E,

VOus voyez qu'il vous aime, on pourroit l'attendrir.

A L.

ALZIRE,

S'il m'aime, il est jaloux : Zamore va périr :
J'assassinois Zamore en demandant sa vie.
Ah! Je l'avois prévu. M'auras-tu mieux servie?
Pourras-tu le sauver? Vivra-t-il loin de moi?
Du Soldat qui le garde as-tu tenté la foi?

EMIRE,

L'or qui les séduit tous, vient d'éblouir sa vue,
Sa foi, n'en doutez point, sa main vous est vendue.

ALZIRE,

Ainsi graces aux Cieux, ces métaux détestés,
Ne servent pas toujours à nos calamités.
Ah! ne perds point de tems : tu balances encore!

EMIRE,

Mais auroit-on juré la perte de Zamore?
Alvarès auroit-il assez peu de crédit,
Et le Conseil enfin ....

ALZIRE,

Je crains tout, il suffit.
Tu vois de ces Tyrans la fierté tyrannique.
Ils pensent que pour eux le Ciel fit l'Amérique,
Qu'ils en sont nés les Rois ; & Zamore à leurs yeux,
Tout Souverain qu'il fût n'est qu'un séditeux.

E 2   Con-

Confeil de Meurtriers! Gusman ! Peuple barbare!
Je préviendrai les coups que votre main prépare.
Ce Soldat ne vient point, qu'il tarde à m'obéïr !

EMIRE,

Madame, avec Zamore il va bien-tôt venir;
Il court à la prifon. Déja la nuit plus fombre
Couvre ce grand deffein du fecret de fon ombre.
Fatigués de carnage & de fang enivrés,
Les Tyrans de la Terre au fommeil font livrés.

ALZIRE,

Allons, que ce Soldat nous conduife à la porte,
Qu'on ouvre la prifon, que l'innocence en forte.

EMIRE,

Il vous prévient déja ; Cephane le conduit.
Mais fi l'on vous rencontre en cette obfcure nuit,
Votre gloire eft perdue, & cette honte extrême...

ALZIRE,

Va, la honte feroit de trahir ce que j'aime.
Cet honneur étranger parmi nous inconnu,
N'eft qu'un Fantôme vain qu'on prend pour la Vertu.
C'eft l'amour de la gloire & non de la juftice,
La crainte du reproche & non celle du Vice.
Je fus inftruite, Emire, en ce groffier Climat,

A

A fuivre la Vertu fans en chercher l'éclat.

L'honneur eft dans mon cœur, & c'eft lui qui m'ordonne,

De fauver un Héros que le Ciel abandonne.

S C E N E IV.

ALZIRE, ZAMORE, EMIRE.

ALZIRE,

TOut eft perdu pour toi, tes Tyrans font vainqueurs,

Ton fupplice eft tout prêt, fi tu ne fuis, tu meurs.

Pars, ne perds point de tems, prens ce Soldat pour
guide.

Trompons des Meurtriers, l'efpérance homicide,

Tu vois mon defefpoir, & mon faififfement:

C'eft à toi d'épargner la mort à mon Amant,

Un crime à mon Epoux, & des larmes au Monde.

L'Amérique t'appelle, & la nuit te féconde;

Prens pitié de ton fort, & laiffe-moi le mien.

ZAMORE,

Efclave d'un Barbare, Epoufe d'un Chrétien,

Toi qui m'as tant aimé, tu m'ordonnes de vivre!

Eh bien j'obéirai : mais ofes-tu me fuivre?

E 3   Sans

Sans Trône, fans fecours, au comble du malheur,
Je n'ai plus à t'offrir qu'un Defert & mon cœur.
Autrefois à tes pieds, j'ai mis un Diadême.

ALZIRE,

Ah! Qu'étoit il fans toi? Qu'ai-je aimé que toi-mê-
me?
Et qu'eft ce auprès de toi que ce vil Univers?
Mon ame va te fuivre au fond de tes deferts.
Je vais feule en ces lieux, où l'horreur me confume,
Languir dans les regrets, fecher dans l'amertume:
Mourir dans les remords d'avoir trahi ma foi:
D'être au pouvoir d'un autre, & de brûler pour toi,
Pars, emporte avec toi, mon bonheur & ma vie,
Laiffe-moi les horreurs du devoir qui me lie.
J'ai mon Amant enfemble, & ma gloire à fauver;
Tous deux me font facrés, je les veux conferver.

ZAMORE,

Ta gloire! Quelle eft donc cette gloire inconnue?
Quel Fantôme d'Europe a fafciné ta vue?
Quoi! ces affreux fermens qu'on vient de te dicter,
Quoi! Ce Temple Chrétien que tu dois détefter,
Ce Dieu, ce Deftructeur des Dieux de mes Ancê-
tres,
T'arrachent à Zamore, & te donnent des Maîtres!

A L.

ALZIRE.

J'ai promis, il suffit, que t'importe à quel Dieu !

ZAMORE,

Ta promesse est ton crime, elle est ma perte, adieu.
Périssent tes sermens, & le Dieu que j'abhorre!

ALZIRE,

Arrête. Quels adieux ! Arrête, cher Zamore!

ZAMORE,

Gusman est ton époux !

ALZIRE,

Plains moi sans m'outrager.

ZAMORE,

Songe à nos premiers nœuds.

ALZIRE.

Je songe à ton danger.

ZAMORE,

Non, tu trahis, cruelle, un feu si légitime.

ALZIRE,

Non, je t'aime à jamais, & c'est un nouveau crime.

Laisse-

Laisse-moi mourir seule, Ôte-toi de ces lieux.
Quel desespoir horrible étincelle en tes yeux?
Zamore....

ZAMORE,

C'en est fait.

ALZIRE,

Où vas-tu?

ZAMORE,

Mon courage,
De cette liberté, va faire un digne usage.

ALZIRE,

Tu n'en saurois douter, je péris si tu meurs.

ZAMORE,

Peux-tu mêler l'amour à ces momens d'horreurs?
Laisse-moi, l'heure fuit, le jour vient, le tems presse.
Soldat, guide mes pas.

SCE-

SCENE V.

ALZIRE, EMIRE.

ALZIRE,

JE fuccombe, il me laiſſe:
Il part, que va-t-il faire? O moment plein d'effroi!
Guſman! Quoi c'eſt donc lui que j'ai quitté pour toi!
Emire, ſuis ſes pas, vole, & reviens m'inſtruire,
S'il eſt en ſûreté, s'il faut que je reſpire.
Va voir ſi ce ſoldat nous ſert, ou nous trahit,

Emire ſort.

Un noir preſſentiment m'afflige & me ſaiſit,
Ce jour, ce jour pour moi ne peut être qu'horrible.
O toi! Dieu des Chrétiens, Dieu vainqueur & ter-
 rible,
Je connois peu tes loix. Ta main du haut des Cieux,
Perce à peine un nuage épaiſſi ſur mes yeux:
Mais ſi je ſuis à toi, ſi mon amour t'offenſe,
Sur ce cœur malheureux épuiſe ta vengeance.
Grand Dieu, conduis Zamore, au milieu des deſerts,
Ne ſerois-tu le Dieu que d'un autre Univers?
Les ſeuls Européans ſont-ils nés pour te plaire?
Es-tu Tyran d'un Monde, & de l'autre le Pere!

Les vainqueurs, les vaincus, tous ces foibles humains,

Sont tous également l'ouvrage de tes mains.

Mais de quels cris affreux mon oreille eft frapée!

J'entends nommer Zamore. O Ciel! on m'a trompée.

Le bruit redouble, on vient, ah! Zamore eft perdu.

S C E N E VI.

A L Z I R E, E M I R E.

A L Z I R E,

CHere Emire, eft-ce toi? qu'a-t-on fait, qu'as-
tu vu?

Tire-moi par pitié de mon doute terrible.

E M I R E,

Ah! n'efpérez plus rien, fa perte eft infaillible,

Des armes du Soldat qui conduifoit fes pas

Il a couvert fon front, il a chargé fon bras.

Il s'éloigne : à l'inftant, le Soldat prend la fuite,

Votre Amant au Palais, court, & fe précipite;

Je le fuis en tremblant parmi nos ennemis,

Parmi ces Meurtriers dans le fang endormis,

Dans l'horreur de la nuit, des morts, & du filence,

Au Palais de Gufman, je le vois qui s'avance:

Je

Je l'appellois en vain de la voix & des yeux,
Il m'échappe, & soudain j'entends des cris affreux,
J'entends dire, qu'il meure : on court, on vole aux
    armes.
Retirez vous, Madame, & fuyez tant d'allarmes :
Rentrez.

ALZIRE,

Ah! chere Emire, allons le secourir.

EMIRE,

Que pouvez-vous Madame, ô Ciel!

ALZIRE,

Je peux mourir.

SCENE VII.

ALZIRE, EMIRE, DON ALON-
ZE, GARDES.

DON ALONZE,

A Mes ordres secrets, Madame, il faut vous rendre.

ALZIRE,

Que me dis-tu Barbare? & que viens-tu m'apprendre?

Qu'est

Qu'eft devenu Zamore?

DON ALONZE,

En ce moment affreux
Je ne puis qu'annoncer un ordre rigoureux,
Daignez me fuivre.

ALZIRE,

O fort! ô vengeance trop forte!
Cruels, quoi, ce n'eft point la mort que l'on m'apporte?
Quoi Zamore n'eft plus! & je n'ai que des fers!
Tu gémis, & tes yeux de larmes font couverts!
Mes maux ont-ils touché les cœurs nés pour la haine?
Viens, fi la mort m'attend, viens j'obéis fans peine.

A C.

ACTE V.

SCENE PREMIERE.

ALZIRE, GARDES.

ALZIRE,

PRéparez-vous pour moi vos supplices cruels,
Tyrans, qui vous nommés les Juges des mortels?
Laissés-vous dans l'horreur de cette inquiétude
De mes destins affreux floter l'incertitude?
On m'arrête, on me garde, on ne s'informe pas
Si l'on a résolu ma vie, ou mon trépas.
Ma voix nomme Zamore, & mes Gardes pâlissent.
Tout s'émeut à ce nom, ces Monstres en frémissent.

SCE.

SCENE II.

MONTEZE, ALZIRE.

ALZIRE,

AH mon Pere !

MONTEZE,

Ma Fille où nous as-tu réduits !
Voilà de ton amour les exécrables fruits.
Helas ! nous demandions la grace de Zamore ;
Alvarès avec moi daignoit parler encore ;
Un Soldat à l'inftant fe préfente à nos yeux,
C'étoit Zamore même, égaré, furieux.
Par ce déguifement la vue étoit trompée,
A peine entre fes mains j'apperçois une épée :
Entrer, voler vers nous, s'élancer fur Gufman ;
L'attaquer, le frapper, n'eft pour lui qu'un moment.
Le fang de ton Epoux rejaillit fur ton Pere : *
Zamore au même inftant dépouillant fa colere
Tombe aux pieds d'Alvarès, & tranquille, & foumis,

Lui

* Quelques perfonnes ont trouvé fort étrange que Zamore ne propofât pas un duel à Gufman.

Lui préfentant ce fer, teint du fang de fon fils.
J'ai fait ce que j'ai du, j'ai vangé mon injure :
Fais ton devoir, dit-il, & vange la Nature.
Alors il fe profterne attendant le trépas.
Le Pere tout fanglant fe jette entre mes bras ;
Tout fe réveille, on court, on s'avance, on s'écrie,
On vole à ton Epoux, on rappelle fa vie,
On arrête fon fang, on preffe les fecours
De cet art inventé pour conferver nos jours.
Tout le Peuple à grands cris demande ton fupplice,
Du meurtre de fon Maître il te croit la complice...

ALZIRE,

Vous pourriez !

MONTEZE,

Non, mon cœur ne t'en foupçonne pas,
Non, le tien n'eft pas fait pour de tels attentats,
Capable d'une erreur, il ne l'eft point d'un crime,
Tes yeux s'étoient fermés fur le bord de l'abîme.
Je le fouhaite ainfi, je le croi, cependant
Ton Epoux va mourir des coups de ton Amant.
On va te condamner, tu vas perdre la vie
Dans l'horreur du fupplice, & dans l'ignominie,
Et je retourne enfin par un dernier effort,
Demander au Confeil & ta grace & ma mort.

A L.

ALZIRE,

Ma grace! à mes Tyrans! les prier! vous, mon Pere!
Ofez vivre, & m'aimer; c'eft ma feule priere.
Je plains Gufman, fon fort a trop de cruauté,
Et je le plains fur-tout de l'avoir mérité.
Pour Zamore il n'a fait que vanger fon outrage.
Je ne peux excufer ni blâmer fou courage.
J'ai voulu le fauver, je ne m'en défens pas,
Il mourra... Gardez-vous d'empêcher mon trépas.

MONTEZE,

O Ciel! infpire-moi, j'implore ta clémence.

Il fort.

SCENE. III.

ALZIRE *feule,*

O Ciel! anéantis ma fatale exiftence.
   Quoi ce Dieu que je fers me laiffe fans fecours!
Il défend à mes mains d'attenter fur mes jours.
Ah j'ai quitté des Dieux dont la bonté facile
Me permettoit la mort, la mort mon feul afyle.

* Eh

* Eh quel crime eft-ce donc devant ce Dieu jaloux
De hâter un moment qu'il nous prépare à tous ?
Ce Peuple de Vainqueurs armé de fon tonnerre,
A-t-il le droit affreux de dépeupler la Terre ?
D'exterminer les miens ? de déchirer mon flanc ?
Et moi je ne pourrai difpofer de mon fang ;
Je ne pourrai fur moi permettre à mon courage
Ce que fur l'Univers, il permet à fa rage ;
Zamore va mourir dans des tourmens affreux,
Barbares !

* Cette plainte & ce doute font dans la bouche d'une
nouvelle Chrétienne.

SCENE IV.

ZAMORE enchaîné, ALZIRE,
GARDES.

ZAMORE,

C'Eft ici qu'il faut périr tous deux.
Sous l'horrible appareil de fa fauffe juftice,
Un Tribunal de fang te condamne au fupplice.
Gufman refpire encor ; mon bras defefpéré
N'a porté dans fon fein qu'un coup mal affûré.

Il vit pour achever le malheur de Zamore,
Il mourra tout couvert de ce sang que j'adore;
Nous périrons ensemble à ses yeux expirans,
Il va goûter encor le plaisir des Tyrans.
Alvarès doit ici prononcer de sa bouche
L'abominable Arrêt de ce Conseil farouche.
C'est moi qui t'ai perdue, & tu péris pour moi.

ALZIRE,

Va, je ne me plains plus, je mourrai près de toi.
Tu m'aimes, c'est assés, benis ma destinée,
Benis le coup affreux qui rompt mon hymenée;
Songe que ce moment où je vais chez les morts
Est le seul où mon cœur peut t'aimer sans remords.
Libre par mon supplice, à moi-même rendue,
Je dispose à la fin d'une foi qui t'est due.
L'appareil de la mort élevé pour nous deux,
Est l'Autel où mon cœur te rend ses premiers feux:
C'est-là que j'expierai le crime involontaire
De l'infidélité que j'avois pu te faire.

Ma plus grande amertume en ce funeste sort,
C'est d'entendre Alvarès prononcer notre mort.

ZAMORE,

Ah! le voici, les pleurs inondent son visage.

A L.

ALZIRE,

Qui de nous trois, ô Ciel, a reçu plus d'outrage,
Et que d'infortunés le fort affemble ici!

***

SCENE V.

ALZIRE, ZAMORE, ALVÀRES, GARDES.

ZAMORE,

J'Attends la mort de toi, le Ciel le veut ainfi,
Tu dois me prononcer l'Arrêt qu'on vient de rendre,
Parle fans te troubler comme je vais t'entendre ;
Et fais livrer fans crainte aux fupplices tout prêts
L'Affaffin de ton fils, & l'Ami d'Alvarès.
Mais que t'a fait Alzire? & quelle barbarie
Te force à lui ravir une innocente vie?
Les Efpagnols enfin t'ont donné leur fureur,
Une injufte vengeance entre-t-elle en ton cœur?
Connu feul parmi nous par ta clémence augufte,
Tu veux donc renoncer à ce grand nom de Jufte!
Dans le fang innocent ta main va fe baigner!

F 2   A L.

ALZIRE,

Vange-toi, vange un Fils, mais fans me foupçonner,
Epoufe de Gufman, ce nom feul doit t'apprendre
Que loin de le trahir je l'aurois fu défendre.
J'ai refpecté ton fils, & ce cœur gémiffant,
Lui conferva fa foi même en le haïffant.
Que je fois de ton Peuple applaudie ou blâmée,
Ta feule opinion fera ma renommée;
Eftimée en mourant d'un cœur tel que le tien,
Je dédaigne le refte & ne demande rien.
Zamore va mourir, il faut bien que je meure,
C'eft tout ce que j'attends, & c'eft toi que je pleure,

ALVARES,

Quel mélange, grand Dieu, de tendreffe & d'hor-
reur!
L'Affaffin de mon fils eft mon Libérateur.
Zamore!.... oui, je te dois des jours que je détefte,
Tu m'as vendu bien cher un prefent fi funefte...
Je fuis Pere, mais homme; & malgré ta fureur,
Malgré la voix du fang qui parle à ma douleur,
Qui demande vengeance à mon ame éperdue,
La voix de tes bienfaits eft encor entendue.
Et toi qui fus ma Fille, & que dans nos malheurs,
J'appelle encor d'un nom qui fait couler nos pleurs,

Va,

Va, ton pere eſt bien loin de joindre à ſes ſouffrances
Cet horrible plaiſir que donnent les vengeances.
Il faut perdre à la fois par des coups inouïs,
Et mon Libérateur, & ma Fille & mon Fils.
Le Conſeil vous condamne; il a dans ſa colere
Du fer de la vengeance armé la main d'un pere.
Je n'ai point refuſé ce miniſtère affreux...
Et je viens le remplir pour vous ſauver tous deux.
Zamore , tu peux tout.

ZAMORE,

Je peux ſauver Alzire?
Ah! parle, que faut-il?

ALVARES,

Croire un Dieu qui m'inſpire,
Tu peux changer d'un mot & ſon ſort & le tien;
Ici la Loi pardonne à qui ſe rend Chrétien.
Cette Loi que naguère un ſaint zèle a dictée
Du Ciel en ta faveur y ſemble être apportée.
Le Dieu qui nous apprit lui-même à pardonner,
De ſon ombre à nos yeux ſaura t'environner:
Tu vas des Eſpagnols arrêter la colere,
Ton ſang ſacré pour eux eſt le ſang de leur frere:
Les traits de la vengeance en leurs mains ſuſpendus

F 3   Sur

Sur Alzire & fur toi ne fe tourneront plus;
Je réponds de fa vie ainfi que de la tienne,
Zamore, c'eft de toi, qu'il faut que je l'obtienne.
Ne fois point infléxible à cette foible voix,
Je te devrai la vie une feconde fois.
Cruel, pour me payer du fang dont tu me prives,
Un Pere infortuné demande que tu vives.
Rends-toi Chrétien comme elle, accorde-moi ce prix
De fes jours, & des tiens, & du fang de mon fils.

Z A M O R E à *Alzire*,

Alzire jufques là chéririons-nous la vie?
La racheterions-nous par mon ignominie?
Quitterai-je mes Dieux pour le Dieu de Gufman?
Et toi plus que ton fils feras-tu mon Tyran?
Tu veux qu'Alzire meure ou que je vive en traître.
Ah! lorfque de tes jours je me fuis vû le maître,
Si j'avois mis ta vie à cet indigne prix,
Parle, aurois-tu quitté les Dieux de ton pays?

A L V A R E S,

J'aurois fait ce qu'ici tu me vois faire encore,
J'aurois prié ce Dieu, feul Etre que j'adore,
De n'abandonner pas un cœur tel que le tien,
Tout aveuglé qu'il eft, digne d'être Chrétien.

ZAMORE,

Dieux! quel genre inouï de trouble & de fupplice,
Entre quels attentats faut-il que je choififfe!

à Alzire,

Il s'agit de tes jours, il s'agit de mes Dieux.
Toi, qui m'ofes aimer ofes juger entre eux,
Je m'en remets à toi, mon cœur fe flatte encore
Que tu ne voudras point la honte de Zamore.

ALZIRE,

Ecoute. Tu fais trop qu'un Pere infortuné
Difpofa de ce cœur que je t'avois donné,
Je reconnus fon Dieu: tu peux de ma jeuneffe
Accufer fi tu veux l'erreur ou la foibleffe;
Mais des Loix des Chrétiens mon efprit enchanté
Vit chez eux, ou du moins, crut voir la Vérité;
Et ma bouche abjurant les Dieux de ma patrie
Par mon ame en fecret ne fut point démentie;
Mais renoncer aux Dieux que l'on croit dans fon
   cœur,
C'eft le crime d'un lâche, & non pas une erreur,
C'eft trahir à la fois fous un mafque hypocrite
Et le Dieu qu'on préfére, & le Dieu que l'on quitte,
C'eft mentir au Ciel même, à l'Univers, à foi.
Mourons; mais en mourant fois digne encor de moi,

Et

Et si Dieu ne te donne une clarté nouvelle ;
Ta probité te parle, il faut n'écouter qu'elle.

ZAMORE,

J'ai prévu ta réponse, il vaut mieux expirer
Et mourir avec toi que se deshonorer.

ALVARES,

Cruels, ainsi tous deux vous voulez votre perte!
Vous bravez ma bonté qui vous étoit offerte ;
Ecoutez, le tems presse & ces lugubres cris,!..

SCENE VI.

ALVARES, ZAMORE, ALZIRE, ALONZE, AMERICAINS, ESPAGNOLS.

ALONZE,

ON amene à vos yeux votre malheureux Fils.
Seigneur, entre vos bras il veut quitter la vie.
Du Peuple qui l'aimoit, une troupe en furie,
S'empressant près de lui, vient se rassasier
Du sang de son Epouse, & de son Meurtrier.

SCE.

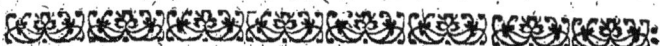

S C E N E VII.

ALVARES, GUSMAN, ZAMORE,
ALZIRE, MONTEZE, AME-
RICAINS, SOLDATS.

ZAMORE,

CRuels, fauvez Alzire, & preffez mon fupplice !

ALZIRE,

Non, qu'une affreufe mort tous trois nous réuniffe.

ALVARES,

Mon Fils mourant, mon Fils , ô comble de douleur !

ZAMORE à *Gusman,*

Tu veux donc jufqu'au bout confommer ta fureur?
Viens, vois couler mon fang, puifque tu vis encore,
Viens apprendre à mourir en regardant Zamore.

GUSMAN à *Zamore,*

Il eft d'autres vertus que je veux t'enfeigner:
Je dois un autre exemple & je viens le donner.

F 5   à Al·

à Alvarès,

Le Ciel qui veut ma mort & qui l'a suspendue,
Mon Pere, en ce moment m'amene à votre vue.
Mon ame fugitive, & prête à me quitter,
S'arrête devant vous; ... mais pour vous imiter.
Je meurs, le voile tombe, un nouveau jour m'éclaire;
Je ne me suis connu qu'au bout de ma carriere.
J'ai fait jusqu'au moment qui me plonge au cercueil,
Gémir l'Humanité du poids de mon orgueil.
Le Ciel vange la Terre, il est juste; & ma vie
Ne peut payer le sang, dont ma main s'est rougie.
Le bonheur m'aveugla, la mort m'a détrompé:
Je pardonne à la main par qui Dieu m'a frappé.
J'étois Maître en ces lieux; seul j'y commande enco-
re,
Seul je puis faire grace, & la fais à Zamore.
Vis, superbe ennemi, sois libre, & te souvien,
Quel fut & le devoir, & la mort d'un Chrétien.

à Monteze qui se jette à ses pieds,

Monteze, Américains, qui fûtes mes victimes,
Songez que ma clémence a surpassé mes crimes.
Instruisez l'Amérique, apprenez à ses Rois
Que les Chrétiens sont nés pour leur donner des Loix.

à Zamore.

Des Dieux que nous fervons, connois la différence :
Les tiens t'ont commandé le meurtre & la vengean-
   ce,
Et le mien, quand ton bras vient de m'affaffiner,
M'ordonne de te plaindre, & de te pardonner.

ALVARES,

Ah mon Fils ! tes vertus égalent ton courage.

ALZIRE,

Quel changement, grand Dieu , quel étonnant langage !

ZAMORE,

Quoi, tu veux me former moi-même au repentir !

GUSMAN,

Je veux plus, je te veux forcer à me chérir.
Alzire n'a vêcu que trop infortunée,
Et par mes cruautés, & par mon Hymenée.
Que ma mourante main la remette en tes bras.
Vivez fans me haïr, gouvernez vos Etats :
Et de vos murs détruits rétabliffant la gloire,
De mon nom, s'il fe peut, beniffez la mémoire.

à Al-

à Alvarès.

Daignez fervir de Pere à ces Epoux heureux :
Que du Ciel par vos foins le jour luife fur eux !
Aux clartés des Chrétiens fi fon ame eft ouverte,
Zamore eft votre Fils, & répare ma perte.

ZAMORE,

Je demeure immobile, égaré, confondu,
Quoi donc les vrais Chrétiens auroient tant de ver-
tu !
Ah ! la Loi qui t'oblige à cet effort suprême,
Je commence à le croire, eft la Loi d'un Dieu mê-
me.
J'ai connu l'amitié, la conftance, la foi :
Mais tant de grandeur d'ame eft au-deffus de moi,
Tant de vertu m'accable & fon charme m'attire,
Honteux d'être vangé, je t'aime & je t'admire.

Il fe jette à fes pieds. *

ALZIRE,

Seigneur, en rougiffant je tombe à vos genoux,
Alzire en ce moment voudroit mourir pour vous,

Entre

---

* Ceux qui ont prétendu que c'eft ici une converfion
miraculeufe fe font trompés. Zamore eft changé en ce
qu'il s'attendrit pour fon ennemi. Il commence à refpecter le Chriftianifme : une converfion fubite feroit ridicule
en de telles circonftances.

Entre Zamore & vous mon ame déchirée,
Succombe au repentir dont elle est devorée.
Je me sens trop coupable, & mes tristes erreurs....

GUSMAN,

Tout vous est pardonné, puisque je vois vos pleurs.
Pour la derniere fois approchez-vous, mon Pere,
Vivez long-tems heureux, qu'Alzire vous soit chere;
Zamore, sois Chrétien, je suis content, je meurs !

ALVARES *à Monteze*,

Je vois le doigt de Dieu marqué dans nos malheurs.
Mon cœur desespéré se soumet, s'abandonne
Aux volontés d'un Dieu, qui frappe, & qui pardon-
ne.

FIN.

COR.

CORRECTIONS.

Pag. 13. *Vers,* 6.
Ainſi que le Potoſe, *liſez*, le Pérou, le Potoſe.
Pag. 67. *Vers* 14. Tu vois de ces Tyrans la fierté
  tyrannique.
Liſ. Tu vois de ces Vainqueurs &c.

Ce ſont là des Corrections de l'Auteur qu'on a re-
  çues trop tard pour les inférer à leur place, comme nous avons fait d'un grand nombre d'autres
  que Mr. DE VOLTAIRE avoit déja eu la bonté de nous envoyer & qui ne ſe trouvent point
  dans l'Edition de Paris, non plus que dans celles
  que l'on a contrefaites à Bruxelles & à Stras-
  bourg qu'il a deſavouées dans les Nouvelles pu-
  bliques.

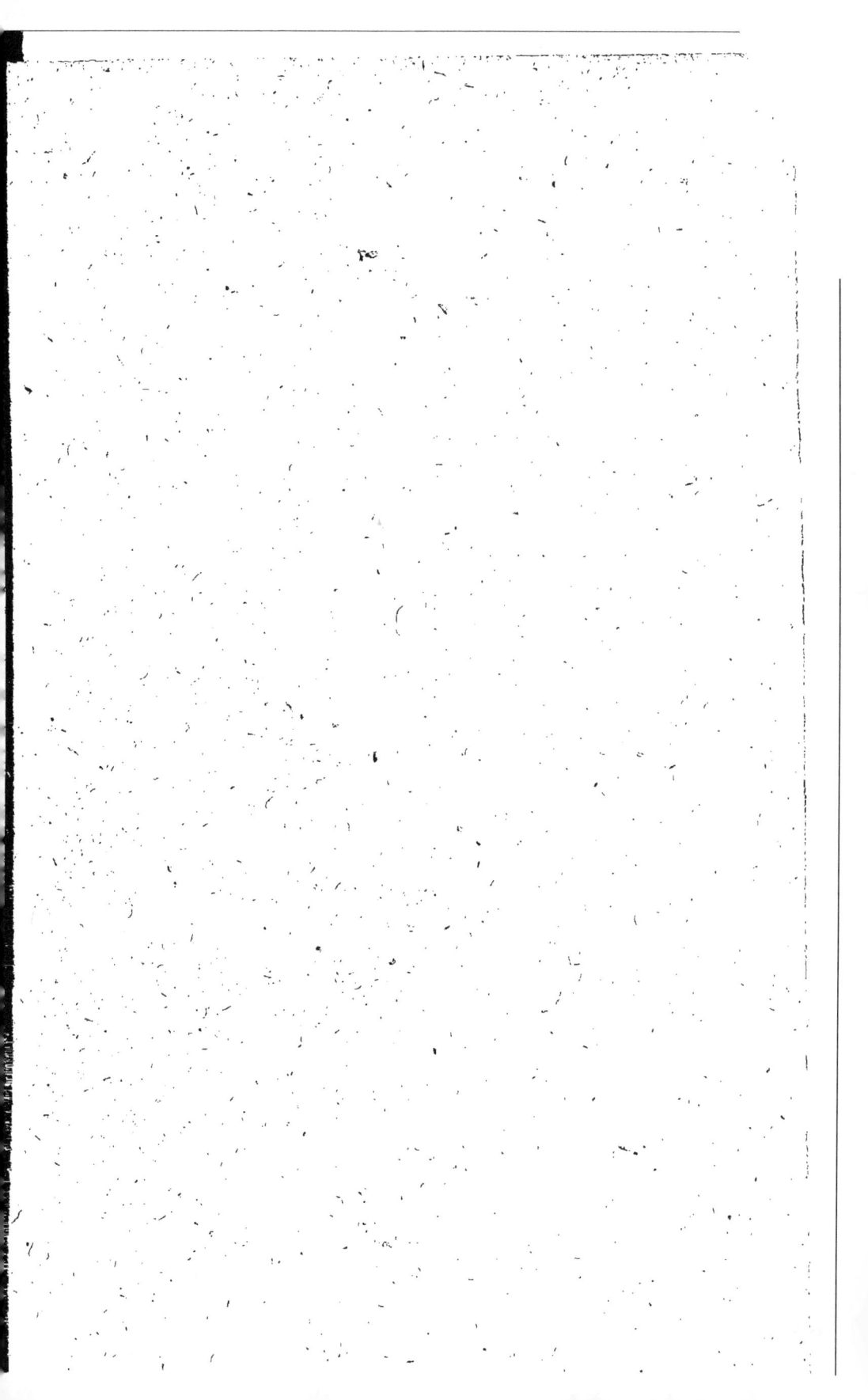

www.ingramcontent.com/pod-product-compliance
Lightning Source LLC
Chambersburg PA
CBHW071836090426
42737CB00012B/2264